Análisis de la pobreza multidimensional y la persistencia de las desigualdades

Análisis de la pobreza multidimensional y la persistencia de las desigualdades

Los grupos indígenas que habitan Medellín y la autopercepción de la pobreza en el territorio rural disperso

Liliana Gallego-Duque (Editora)

PETER LANG

New York - Berlin - Bruxelles - Chennai - Lausanne - Oxford

Library of Congress Cataloging-in-Publication Control Number: 2024036913

Bibliographic information published by the Deutsche Nationalbibliothek.
The German National Library lists this publication in the German National Bibliography; detailed bibliographic data is available on the Internet at http://dnb.d-nb.de.

Cover design by Peter Lang Group AG

ISBN 9783034351546 (hardback)
ISBN 9783034351553 (ebook)
ISBN 9783034351560 (epub)
DOI 10.3726/b22132

Este libro es resultado del proyecto “Análisis de la pobreza multidimensional y la persistencia de las desigualdades en los grupos indígenas que habitan Medellín” número 2019-27832, adscrito al Centro de Investigaciones y Consultoría de la Facultad de Ciencias Económicas de la Universidad de Antioquia. Contó con el apoyo del Comité para el Desarrollo de la Investigación -CODI- y del Grupo de Estudios Regionales de la Universidad de Antioquia, Medellín, Colombia.

UNIVERSIDAD DE ANTIOQUIA
1803

Published by Peter Lang Publishing Inc., New York, USA
info@peterlang.com - www.peterlang.com

This publication has been peer reviewed.

Contenido

Introducción

LILIANA GALLEGO-DUQUE[1]

Desde principios del siglo, siguiendo con entusiasmo las bases teóricas que promovían la apertura de la economía al estudio de las capacidades, tras el logro de Amartya Sen al ganar el Premio Nobel de Economía en 1998, un pequeño grupo de estudiantes de economía de la Facultad de Ciencias Económicas de la Universidad de Antioquia nos abrimos al estudio de temas heterodoxos y hacíamos rescate de una intuición muy marcada de la economía como ciencia social. Nuestra presencia en comunidades pobres y el acompañamiento que dimos en labores de acción social, que terminamos recibiendo de organizaciones comunitarias y religiosas con presencia en los barrios más pobres de Medellín, generó unas capacidades investigativas y de agencia que en la actualidad siguen desplegando el interés académico de estudiantes y colegas y difunden una agenda de investigación que nos lleva a comprender y contrastar el mundo económico con el social. En el proceso se han dado logros. Cabe resaltar la inclusión de estos temas heterodoxos en varias de las líneas de investigación del Grupo de Estudios Regionales de la Universidad de Antioquia, la participación en conferencias y la ampliación y articulación de las redes de actuación. Lo anterior abre caminos a la comprensión de la economía en función de su labor en la sociedad, asumiendo un papel activo en la transdisciplinariedad y en la orientación hacia la transformación de los grupos sociales.

En este proceso, uno de los focos ha sido la profundización en varios de los temas de bienestar, que incluyen la pobreza y la desigualdad. El presente

[1] Profesora asociada de la Universidad de Antioquia, doctora en Economía Aplicada y doctora en Sociología de la Universidad Autónoma de Barcelona. Miembro del Grupo de Estudios Regionales (GER), Departamento de Economía, Facultad de Ciencias Económicas, Universidad de Antioquia, Medellín. Correo electrónico: lilianam.gallego@udea.edu.co

libro pone a consideración un análisis de la pobreza multidimensional y de las desigualdades persistentes en los pueblos indígenas que habitan Medellín y en comunidades que habitan el territorio rural disperso en Colombia, con foco en el departamento de Vaupés, en el sur del país. Este es un tema vinculado al proceso de la mirada de la economía sobre lo social en conjunción con el trabajo transdisciplinar de un grupo de investigadores de áreas como la antropología, la Sociología, los estudios sobre lo propio o lo indígena, las políticas públicas y las matemáticas, además del interés de recién graduados en economía. Nace también de un proceso de investigación y agencia rigurosa que ha mostrado desde diferentes frentes la difícil situación de los indígenas debido a la pobreza y la desigualdad que padecen, principalmente en el entorno urbano y también en el rural disperso. En el primer escenario territorial llama la atención que dicha pobreza se vive al interior de una ciudad pujante, aunque no ajena a las dinámicas de altísima desigualdad y a los mecanismos causales subyacentes en este fenómeno en el contexto latinoamericano y específicamente colombiano.

En Colombia, pese a la existencia de un marco normativo regido bajo los principios de igualdad y de protección de los pueblos indígenas, y la suscripción del país a diferentes tratados internacionales,[2] los problemas estructurales que causan y caracterizan la pobreza de la población indígena urbana prevalecen en diferentes áreas: el mercado laboral (con la alta informalidad de los indígenas, algunos en situación de calle y mendicidad) y el limitado desarrollo de sus propias economías, el trabajo infantil, los problemas de acceso a diferentes servicios sociales con un enfoque diferencial, principalmente la salud y la educación (Alcaldía de Medellín, 2014), la falta de pervivencia cultural, la necesidad de tejido social y organizacional para las mujeres, entre otros (Personería de Medellín, 2021). Todas estas problemáticas demuestran ser más acuciantes para los indígenas y la población afrodescendiente.

En este orden de ideas, a pesar de la existencia de una normatividad que propende por el respeto de las diferencias culturales, no se ha logrado materializar y garantizar lo estipulado por la ley colombiana de una manera

[2] Este reconocimiento incluye la firma del Estado colombiano, en 2009, de la Declaración de las Naciones Unidas sobre los Derechos de los Pueblos Indígenas, y los principios rectores de los desplazamientos internos, que hace una mención especial de la protección de los indígenas como grupos dependientes de la tierra o con un apego particular sobre esta (ACNUR, 2009). Se puede citar también, y ante todo, el Convenio 169 de la OIT para los pueblos indígenas y tribales, así como el Auto 004 sobre la protección de derechos fundamentales de personas e indígenas desplazados por el conflicto armado en el marco de superación del estado de cosas inconstitucionales.

efectiva, con garantías y justicia. Razón por la cual, la pobreza y la desigualdad, que incluyen el acceso inequitativo a diferentes servicios sociales, sigue siendo la norma en la cotidianidad de los pueblos indígenas del país, situación que se agrava cuando se migra al contexto urbano debido al desarraigo que se padece y la suma de más mecanismos de desigualdad.

En el ámbito internacional están encendidas las alarmas sobre las injusticias que permean lo indígena en Colombia, pues, aun con los instrumentos legales de reconocimiento de derechos de los indígenas y la firma de acuerdos internacionales sobre sus derechos, se ha señalado que su situación es muy preocupante, ya que se siguen vulnerando sus derechos, no solo culturales, sino, además, humanos, siendo la violencia, en relación con los intereses económicos y territoriales, una de las principales causales de pobreza e injusticia en la población indígena en sus territorios (ACNUR y UNCHR, 2012), a lo cual se suma la denuncia de ser también víctima de la violencia política (Consejo Nacional de Territorios Indígenas, 2021).

Lamentablemente la violencia contra los pueblos indígenas no cesa en el país. La violencia directa, política, territorial y simbólica es acuciante, e incluso, tras la implementación del Acuerdo Final de Paz (AFP), existen evidencias lamentables de que, desde su firma en 2016 hasta el 2021, se registraron 431 homicidios y 18 masacres (Consejo Nacional de Territorios Indígenas, 2021), además de los que se han presentado en los recientes años. El mecanismo de la violencia activa la migración forzada, aunque, como se verá reflejado en los capítulos, la migración también se ve como una opción para la búsqueda de mejores oportunidades. Medellín es una ciudad receptora de desplazados y migrantes indígenas que buscan diferentes oportunidades, aunque en la realidad urbana, las grandes desigualdades y la pobreza multidimensional los continúe afectando de manera directa.

Los mecanismos de cumplimiento de los derechos que les han sido otorgados por medio del fuero étnico y de las acciones afirmativas de la política pública en todos sus niveles, actualmente no son suficientes para vivir una vida digna y encaminada al buen vivir en la ciudad.

Las encuestas también permiten reconocer diferencias internas en las condiciones de llegada y permanencia, las cuales además denotan una marcada desigualdad de género. Así, mientras los hombres son los que más llegan motivados por el acceso a la educación, son las mujeres las que más llegan por problemas de orden público en sus comunidades; también, la población que manifiesta no contar con ningún nivel de estudios es en su mayoría femenina (Alcaldía de Medellín, 2014), sin olvidar que, en algunas comunidades, las mujeres solo se comunican con su lengua propia, lo que las hace más vulnerables ante una sociedad urbana con el español como lengua.

Por otra parte, además de las barreras idiomáticas, la vivienda y la educación son dos elementos que permiten identificar que los indígenas, al llegar a la ciudad, se insertan en un sistema de desigualdad que marca sus condiciones de vida, su integración a las dinámicas citadinas y su desarrollo socioeconómico. En el entorno urbano la Madre Tierra está limitada por un sistema de valores de mercado. Si bien la ciudad cuenta con avances en las acciones afirmativas y en las políticas públicas dirigidas hacia la población indígena, los datos disponibles permiten reconocer unas condiciones estructurales desfavorables.

En los textos publicados por las organizaciones de base, en este caso los cabildos urbanos, es posible rastrear algunas de las necesidades para las que piden soluciones. Uno de los llamados más sobresalientes es la posibilidad de continuar con el desarrollo de sus particularidades culturales por medio de elementos como la salud propia, los rituales y la lengua propia; estos elementos cobran sentido y relevancia en el contexto de la ciudad, porque se convierten en los principios que les permitirán la transmisión y la continuidad de las costumbres y los valores culturales aun estando por fuera de sus territorios ancestrales.

A partir de lo anterior, y frente al creciente número de habitantes indígenas en la ciudad, se requieren avances en las políticas sociales y públicas para velar por la real inclusión, no discriminación y superación de la pobreza y la desigualdad para los indígenas urbanos. Sus voces deben ser escuchadas y tenidas en cuenta para el diseño de instrumentos y de políticas, pues de lo contrario se tendrán avances nulos o incipientes en diversas materias. Aunque reconocemos el avance en la administración municipal de Medellín (2020-2023) al crear una Gerencia Étnica, se necesitan más investigaciones, análisis e instrumentos técnicos (de medición) para el seguimiento a las condiciones de vida que sean coherentes con las valoraciones y la participación activa de la población indígena.

Uno de los instrumentos que tiene la política social y pública para la formulación de programas que velen por el bienestar de la población en general y que puede ser significativa para el bienestar de los indígenas son los Índices de Pobreza Multidimensional (IPM) que cumplan con criterios de desagregación. Pero en el caso de las Encuestas de Calidad de Vida (ECV), con las cuales se puede medir el IPM, existe una fuerte limitante y es la falta de especificación del grupo indígena, pues este solo permite agrupar por macrogrupos étnicos, a saber, indígenas, negros, raizales, mestizos y blancos. Además, las políticas públicas, al tener un avance incipiente en un enfoque diferencial con participación amplia y heterogénea de las comunidades indígenas, dan por sentadas unas pautas generales para toda la población indígena que desconocen el conocimiento propio pluriétnico y terminan siendo insuficientes para el logro de las libertades y el acceso real de los indígenas a las políticas públicas y servicios sociales.

De hecho, la propuesta sobre los Objetivos de Desarrollo del Milenio (ODM) formulada por los pueblos indígenas de Colombia y publicada en el año 2013[3] resalta, entre otras, la falta de pertinencia étnica y cultural de los indicadores con los que tradicionalmente se mide la pobreza entre esta población, tema que se ha querido mejorar con las metas de los Objetivos de Desarrollo Sostenible al 2030. Al margen de la falta de instrumentos en la política pública, las organizaciones indígenas proponen construcciones fundamentadas en su propia visión de lo que debería ser el desarrollo o, en sus propias palabras: el *buen vivir o el vivir bien* de sus comunidades.

Es importante realzar las producciones y expresiones de los cabildos y de los mismos indígenas, pues estos estructuran unas valoraciones culturales para sus propias vidas. Los resultados de esta investigación plasman la expresión propia, las realidades de las poblaciones indígenas y los horizontes trazados con relación a sus cosmovisiones. Sin lugar a duda, el trabajo metodológico señala los retos que existen en el diseño de instrumentos para la política pública con acciones afirmativas ante los cambios de paradigmas económicos y políticos que implica lo indígena en la ciudad y los retos de la inclusión de lo pluriétnico.

Es importante destacar que los primeros cuatro capítulos que constituyen este libro hacen parte del proyecto de investigación "Análisis de la pobreza multidimensional y la persistencia de las desigualdades en los grupos indígenas que habitan Medellín", en el cual se estableció un llamado a los temas de pobreza multidimensional y desigualdad persistente de los indígenas urbanos de Medellín, vinculando un análisis causal estructural y ejercicios metodológicos cualitativos y mixtos en los cuales se puede observar una secuencialidad. Esto obedece a la convicción de que, si bien en lo pluriétnico es más desafiante profundizar en las concepciones de la pobreza y la desigualdad, es adecuado realizar los estudios de estos fenómenos vinculados a sus causas, develando algunos mecanismos estructurales que son similares para los indígenas, y que se suman a los problemas referidos al territorio y a las rupturas entre las dinámicas de lo rural y lo urbano.

[3] En cuya elaboración participaron el PNUD, el Fondo para el logro de los OMD de las Naciones Unidas, la Organización Nacional Indígena de Colombia, ONIC, la Confederación Indígena Tayrona, la Organización de Pueblos Indígenas de la Amazonía Colombiana y las Autoridades Tradicionales Indígenas de Colombia.

En este sentido, en el primer capítulo se abordan los *círculos de palabra* con la población indígena en contexto de ciudad, acercándonos a una metodología de origen étnico que resalta el conocimiento pluriétnico propio. En este capítulo se realiza una descripción de los pueblos indígenas que habitan la ciudad de Medellín y un rápido recorrido por la historia ancestral de la ciudad y su expansión con los 34 pueblos identificados en la urbe. Así mismo, se hace alusión al establecimiento y reconocimiento de las comunidades mediante los cabildos indígenas, al tiempo que se reconoce la diversidad y la individualidad de ser indígena en la ciudad. Por esto, también se resalta el *buen vivir* y la *ley de origen*, asociados al bienestar cosmogónico y en contraposición de la visión occidentalizada de vivir mejor. Este capítulo finaliza centrando su atención en los círculos de palabra como una estrategia metodológica que estructura la investigación dialógica con la interculturalidad y la integración de saberes indígenas.

En el segundo capítulo se aborda el concepto del *bienestar indígena* desde un estudio documental que agrupa visiones de la academia, la política y los textos propios, para comparar formas interpretativas y las tensiones de los actores que las producen. Esto nos lleva a develar una visión fragmentada de la concepción del bienestar indígena en la ciudad, pese a que en dichos abordajes sobresalen algunas condiciones, siendo las más destacadas las culturales, las educativas, las interétnicas y los derechos. En la literatura académica se ha puesto en evidencia un análisis de las condiciones de vida, de la posibilidad de ser indígena en la ciudad y la efectividad de las políticas públicas, recurriendo a análisis de condiciones estructurales. Los documentos de política exponen un marco normativo que vincula los planes integrales de vida y la visión del buen vivir, como una forma de integrar lo indígena a los objetivos que se traza la política pública local. Sin embargo, en estos documentos también se denotan dificultades en la inclusión de lo comunitario y cosmogónico-territorial. En cambio, los documentos con visiones propias señalan una expresión cosmogónica, cultural y filosófica del buen vivir que se convierte en elemento vinculante de los indígenas, pero también en el instrumento de actuación frente a la política pública.

El tercer capítulo se concentra en el *análisis del bienestar indígena en Medellín mediante los círculos de palabra*. Con estos se realiza una construcción epistémica que reconstruye el concepto de pobreza y que en el proceso manifiesta una serie de díadas contrapuestas en la que sobresale el arraigo y el desarraigo. Un asunto fundamental en este capítulo es mostrar cómo la pobreza para los indígenas cobra sentido *en lo urbano*, sin importar si recientemente vienen de su territorio o lo habitan tras varias generaciones de su familia en la urbe. Las experiencias en la forma como se vive en la ciudad, los lleva a confrontarse con otras formas sociales y de vida, no ajenas al mercado, la competencia y la individualidad, que implican la tensión o la ruptura de lo colectivo y la vivencia de varias formas de inseguridad, entre ellas la alimentaria. No obstante, en este contexto también pueden emerger aspectos positivos, como la valoración de lo propio o la ruptura de desigualdades de género, pues en los contextos urbanos también se abren posibilidades de participación para la mujer indígena. Sobresale que las oportunidades que brinda el acceso a servicios y políticas públicas son más efectivas en la ciudad.

El cuarto capítulo se concentra en la *medición de la pobreza indígena en Medellín*, atendiendo la lista de capacidades propuesta por la filósofa estadounidense Martha Nussbaum. Si bien se llega a resultados interesantes, en el proceso se asume una postura crítica, pues los datos no son suficientes para expresar y medir el buen vivir e incluir los aspectos cosmogónicos de las poblaciones pluriétnicas que habitan Medellín. De hecho, tampoco es posible desagregar por diferentes etnias indígenas, y solo se hace de manera comparativa con otros grupos de color. A pesar de las falencias, se destaca que tanto la incidencia como la intensidad de la pobreza son mayores en los indígenas que en los otros grupos, y además, que existen comunas en Medellín donde hay un mayor porcentaje de indígenas pobres, como Popular, Villa Hermosa y La Candelaria. La amplitud dimensional con la lista de Nussbaum también permite caracterizar dimensiones humanas de privación, que pueden ser alertas para poner en acción la política pública.

Finalmente, el último capítulo fue desarrollado en el marco del proyecto "Determinantes sociodemográficos de la pobreza autopercibida de las comunidades indígenas que habitan el territorio rural disperso de Colombia", en el cual se contrastan las estadísticas obtenidas del Censo Nacional Agropecuario (2014) con un ejercicio cualitativo exploratorio en el Departamento del Vaupés, llegando a evidenciar que la autopercepción de la pobreza es coherente con la heterogeneidad que hay en los grupos sociales. En esta medida, además de justificar que los datos no son suficientes para la caracterización socioeconómica de los pueblos indígenas en el rural disperso, se denota la distancia conceptual que existe en la concepción del bienestar y las categorías que esta implica, pues la *pobreza* les resulta un concepto extraño, que no tiene traducción a las lenguas propias, lo cual no solo es una cuestión idiomática, sino del significado de la vida y las formas del buen vivir, pues, como ellos señalan, *la selva es la madre dadora y cuidadora*. En este sentido, existe una serie de condiciones que son garantes de ese buen vivir: la posesión de la tierra, la capacidad del trabajo, las tradiciones y la conservación de lo propio.

Para finalizar, cabe rescatar la importancia que tienen los estudios que evidencian la voz propia de los indígenas, pues todo concepto se torna vacío y ajeno a las dinámicas de los pueblos pluriétnicos cuando son importados y se asumen sin cuestionamientos. Los marcos teóricos, los métodos y los instrumentos deben hacer un reconocimiento de lo humano y las formas de vida propias, que son integradoras de la vida en un sentido amplio y armónico con la naturaleza. Lo no significativo estadísticamente invisibiliza lo que es sensato investigar, esto nos motiva a profundizar en cuestiones de bienestar de pueblos que han sido estructuralmente diezmados. A estos pueblos, a los indígenas y a las organizaciones étnicas que participaron en esta investigación debemos y dedicamos este trabajo.

Referencias

ACNUR (2009). *Perder nuestra tierra es perdernos nosotros. Los indígenas y el desplazamiento forzoso en Colombia.* Bogotá: Agencia de las Naciones Unidas para los Refugiados.

ACNUR y UNCHR. (2012). *Situación Colombia. Indígenas.* Oficina Regional Latino América, Naciones Unidas.

Alcaldía de Medellín (2014). *Estudio socioeconómico de la población indígena del Municipio de Medellín.* Medellín: Alcaldía de Medellín.

Consejo Nacional de Territorios Indígenas (2021). *El eterno retorno de la violencia sociopolítica contra los pueblos indígenas en Colombia. Balance 2021.* Bogotá: Observatorio de Derechos Territoriales de los Pueblos Indígenas.

Personería de Medellín (2021). *Diagnóstico de la situación de las poblaciones étnicas y migrantes en Medellín.* Medellín: Alcaldía de Medellín.

Círculos de palabra con población indígena en contexto de ciudad y el *buen vivir* de los indígenas en Medellín[1]

Deisy Yuliana Ríos Castro[2]
Liliana Gallego-Duque[3]
Juan Camilo Medina Gutiérrez[4]

Resumen: Este capítulo presenta la metodología de origen étnico los *círculos de palabra* con población indígena en Medellín. Además, resalta la importancia de aplicar metodologías étnico-cualitativas en contextos de ciudad como una forma de dar la palabra, reconocer y resaltar un conocimiento propio, y más aún, comprender las representaciones de conceptos y fenómenos que se viven de manera diferente en lo urbano por los pueblos indígenas. Este capítulo está conformado por tres partes principales: primero, un recuento contextual de lo indígena en la ciudad, reconociendo que las dinámicas del sistema social deben transitar hacia la inclusión, pues existe una predominancia de los pueblos indígenas en Medellín,

1 Este capítulo es resultado parcial del proyecto de investigación número 2019-27832 "Análisis de la pobreza multidimensional y la persistencia de las desigualdades en los grupos indígenas que habitan Medellín", financiado por el Comité para el Desarrollo de la Investigación –CODI– de la Universidad de Antioquia, Convocatoria 1750 Primer Proyecto Vicerrectoría de Investigación, con Modalidad 1701 Estudiante en formación Maestría. Grupo de Estudios Regionales.

2 Magíster en Salud Pública y Socióloga de la Universidad de Antioquia. Correo electrónico: deisy.rios@udea.edu.co

3 Profesora asociada de la Universidad de Antioquia, doctora en Economía Aplicada y doctora en Sociología de la Universidad Autónoma de Barcelona. Miembro del Grupo de Estudios Regionales (GER), Departamento de Economía, Facultad de Ciencias Económicas, Universidad de Antioquia, Medellín. Correo electrónico: lilianam.gallego@udea.edu.co

4 Estudiante de doctorado en el Instituto de Pensamiento y Cultura en América Latina (IPECAL), magíster en la Universidad Andina Simón Bolívar y Sociólogo de la Universidad de Antioquia. Correo electrónico: jcamilo.medina@udea.edu.co

no por su número, sino por su ancestralidad y multiculturalidad, al ser la ciudad un punto de encuentro y hábitat para múltiples pueblos indígenas; segundo, el *vivir bien o buen vivir* como base fundamental del goce efectivo de los derechos étnicos y orientador de su agencia, que nos lleva a comprender el uso de la palabra y la importancia de los planes de vida para la comunidad; y finalmente, la discusión alrededor del camino teórico-metodológico para la aplicación de los círculos de palabra y el enfoque dialógico, considerando esta como una base teórico-metodológica para comprender, pensar e integrar la realidad de los pueblos indígenas en contexto de ciudad.

Palabras clave: indígena, áreas urbanas, metodologías étnicas y círculos de palabra, Medellín

Abstract: This chapter presents the methodology of ethnicity-based *talking circles* with indigenous people in Medellín. It also highlights the importance of applying ethno-qualitative methodologies in urban contexts as a way of giving voice to indigenous people, recognising and highlighting their own knowledge, and understanding the representations of concepts and phenomena in urban areas that they experience differently. This chapter is made up of three main parts: first, a contextual account of the indigenous people in the city, recognising that the dynamics of the social system must move towards inclusion, as there is a predominance of indigenous peoples in Medellín, not only in terms of their numbers, but in terms of their ancestry and multiculturalism, as the city is a meeting point and habitat for several indigenous peoples; the second part introduces living well or good living as a fundamental basis for the effective enjoyment exercise of ethnic rights and a guideline for indigenous peoples' agency, which leads us to understand the use of the word and the importance of life plans for the community; and finally, a discussion around the applicability of talking circles and a dialogic approach, considering this as a theoretical-methodological basis for understanding, thinking and integrating the reality of indigenous peoples in the context of the city.

Keywords: Indigenous, urban areas, ethnocualitative methodologies, talking circles, Medellín

Pensando lo indígena en contexto de ciudad

Medellín es el segundo centro urbano de Colombia con aproximadamente 2 595 300 habitantes en 2023 (DANE, 2021) y ha sido históricamente una ciudad receptora de migrantes de diferentes regiones del territorio nacional (Aristizábal, Cárdenas y Rengifo, 2018), lo que la convierte en una ciudad caracterizada por una gran diversidad cultural y en la cual residen diferentes poblaciones étnicas pertenecientes a los pueblos negros, afrodescendientes, raizales, palenqueros e indígenas (Alcaldía de Medellín, 2020). En cuanto a las poblaciones indígenas, se tienen registros del establecimiento de pueblos originarios en la ciudad desde la década de 1950, inicialmente provenientes del norte y suroeste del departamento de Antioquia y del sur de Colombia (Cabildo Chibcariwak, 2012), a los que con el paso de las décadas se han sumado pueblos indígenas del resto del país e incluso de pueblos pertenecientes a Ecuador y Perú, como los kichwas-otavalos (Cabildo Chibcariwak, 2012).

Medellín, como muchas ciudades del territorio colombiano, es un territorio ancestral indígena, ya que antes de la colonización habitaban en el Valle de Aburrá algunos pueblos indígenas pertenecientes principalmente a las naciones aburraes, niquías, nutabes y yamesíes (Alcaldía de Medellín, 2019). Estos estaban asentados en el valle cuando los ejércitos conquistadores españoles llegaron, y fueron diezmados con el paso del tiempo a raíz del proceso de colonización (Caicedo, 2014). El Valle de Aburrá fue destinado como un importante punto de producción agrícola, en el cual se estableció hacia el año 1616 el poblado de San Lorenzo (actual barrio El Poblado) y donde fueron reubicados además algunos indígenas emberas (Caicedo, 2014). Posteriormente la ciudad sería refundada en los alrededores de la quebrada Santa Elena, y hacia 1765 se le otorgó el título de Villa de Nuestra Señora de la Candelaria de Medellín (Jaramillo, Rodríguez y Roncancio, 1998). Durante los siguientes siglos, la presencia de diferentes grupos indígenas en la ciudad fue constante, sin embargo, con los procesos de colonización estos fueron mestizándose y perdiendo sus principales rasgos culturales (Jaramillo, Rodríguez y Roncancio, 1998).

Hacia la segunda mitad del siglo XX la ciudad experimentó una expansión poblacional considerable, debido principalmente a procesos de industrialización que atraían a la población rural, que buscaba mejores oportunidades de empleo, y a migraciones generadas por la violencia política (ACNUR, 2006). Al convertirse en un punto importante de comercio, algunos pueblos indígenas del sur del país, tales como los ingas, se establecieron en la ciudad de manera permanente. Hacia la década de los ochenta, con un nuevo ciclo de violencia, llegaron a la ciudad los pueblos emberas provenientes de los departamentos de Risaralda y Chocó (Alcaldía de Medellín, 2019). El desarrollo económico y cultural de la ciudad, hacia finales del siglo pasado, atrajo a poblaciones kichwas, pastos, quillasingas-pastos y a individuos pertenecientes a diferentes zonas del país que buscaban realizar sus estudios en Medellín (Alcaldía de Medellín, 2019).

A partir de la promulgación de la Constitución de 1991, el Estado colombiano reconoció la presencia de los pueblos indígenas y comenzó a generar una serie de políticas para promover el desarrollo de una vida digna, a través de la puesta en marcha de un marco normativo que permitió diseñar protocolos de atención e infraestructura para atender a dicha población (Constitución

Política de Colombia, 1991). Sin embargo, a treinta años de la promulgación de la Constitución, siguen existiendo vacíos de información alrededor de los habitantes indígenas del territorio nacional; dicho desconocimiento se profundiza al intentar establecer por varias vías el número de personas pertenecientes a pueblos indígenas a nivel departamental y municipal. Para el caso de Medellín las cifras son bastante inexactas y solo se han llegado a establecer números aproximados que varían según las fuentes:

> El número actual de población indígena en Medellín, debido a la diferencia de cifras en las fuentes consultadas, es un estimativo, basado en la proyección de la información oficial DANE 2005, cuyos micro-datos arrojan una población de 2.984 personas con identidad étnica indígena (CEPAL, 2010) y la información del Plan de Desarrollo 2016 – 2019 "Medellín Cuenta Con Vos" estima 3.776 personas indígenas a comienzos del 2016 (Alcaldía de Medellín, 2016); lo anterior permite inferir una población indígena aproximada de 4.000 personas. (Alcaldía de Medellín, 2019, p. 11)

En cuanto a los pueblos indígenas que hacen presencia en la ciudad, se referencian alrededor de 34, entre ellos se identifican a los pueblos arhuaco, awa, boras, desano, embera chamí, embera dobida, embera eyavida, embera katío, guanano, guna-dule, inga, kankuamo, kamëntza, kichwa, kokonuko, kubeo, kurripako, misak, muinane, murui-bue, murui-muina, nasa, nutabe, pastos, pijao, piapoco, puinave, quillasingas, zenú, siapidara, siona, siriano, totoró, tukano, u'wa, wayúu, wiwa, wounaan, yanacona y yucuna (Alcaldía de Medellín, 2019).

A la diversidad de poblaciones originarias que hacen presencia en la ciudad se suma la multiplicidad de formas bajo las cuales se vinculan a la ciudad: primero, migración permanente, segundo, transitoria, y finalmente, población flotante. Los dos primeros pueden considerarse casos de migración intergeneracional o generacional; y para todas las categorías se incluyen casos individuales o grupales, nacionales o internacionales, y también forzado y no forzado.

Los casos de migración permanente, como su nombre lo indica, hacen referencia a familias que han habitado de manera permanente la ciudad durante varias generaciones; su diferencia con el segundo tipo de migración estriba en que algunos grupos hacen presencia de manera transitoria, es decir, solo durante el lapso de algunos años por razones de acceso a servicios (sanitarios, educativos, entre otros) o por objetivos puntuales –entre ellos principalmente población universitaria–. Finalmente, están los individuos y grupos que son considerados "población flotante", es decir, que hacen presencia en la ciudad únicamente durante periodos cortos en continuo flujo, que puede incluir idas y venidas a la ciudad (Alcaldía de Medellín, 2019).

La población que ha hecho presencia de manera permanente en la ciudad se ha organizado alrededor de núcleos de familias pertenecientes a la misma nación indígena, haciendo presencia principalmente en los barrios periféricos de la ciudad o habitando en residencias del centro, como es el caso de la población embera. Tales grupos se dedican a todo tipo de oficios y se insertan en la dinámica económica de la ciudad, y en no pocas ocasiones recurren a la mendicidad como principal medio de supervivencia (Alcaldía de Medellín, 2019).

Las redes de apoyo, familiares y comunales, han sido la principal forma organizativa de los pueblos indígenas en contexto de ciudad; a través de estas redes de apoyo han intentado insertarse en la dinámica urbana tratando de mantener vivas sus costumbres a través del fortalecimiento de los tejidos comunitarios y la recreación de sus culturas en microespacios. Asimismo, los pueblos indígenas en contexto de ciudad han desarrollado formas organizativas y de interlocución con el Estado a través de las figuras de los Cabildos Indígenas, una institución de origen colonial que se ha mantenido e instalado en la ciudad como proceso organizativo y político y que ha constituido una de las principales formas de consecución de derechos para la población indígena en contexto urbano, no solo en Medellín, sino en todo el territorio nacional.

Para el caso de la ciudad de Medellín, actualmente se reconocen formalmente ocho cabildos indígenas (Alcaldía de Medellín, 2021) que se han ido conformando desde la década de los setenta. Los cabildos más antiguos son, primero, Chibcariwak (1979) de carácter multiétnico, segundo, Quillasingas-Pastos (2002) y tercero, el Inga (2006). Por otro lado, durante la última década se han establecido otros seis cabildos: el Nutabe (2014) como resultado de un proceso de autorreconocimiento y *reindianización*, el Kichwa (2019), el Wayúu (2021), el Embera (2021), el Zenú (2021) y el Universitario (2021). Este último, si bien se reconoce como cabildo, obedece más bien a una organización de apoyo a estudiantes indígenas que realizan sus estudios en la ciudad.

El establecimiento y reconocimiento de los cabildos en contextos urbanos ha tenido diferentes momentos de confrontación con el Estado colombiano debido a los vacíos existentes en la legislación, ya que desde la misma formulación de las definiciones conceptuales básicas en la normatividad han existido confusiones alrededor de lo que se considera una comunidad indígena. Se ha partido de conceptos que han hecho énfasis en los marcadores étnicos tradicionales definidos desde las ciencias sociales, principalmente desde la antropología y la Sociología, los cuales en muchos casos desconocen la complejidad histórica y contextual de los indígenas urbanos, otorgando un peso considerable a las dimensiones comunitarias, raciales, de parentesco y territoriales desde visiones tradicionales o hegemónicas que dificultan la comprensión de las dimensiones del ser y el hacer de los pueblos indígenas en contextos urbanos y especialmente entre poblaciones migrantes.

De acuerdo con lo anterior, podría afirmarse que el reconocimiento de un sujeto como indígena por parte de la legislación colombiana descansa en una forma de vida comunitaria y predominantemente rural, haciendo teóricamente difuso el reconocimiento de los sujetos indígenas en contextos urbanos, para quienes naturalmente cambian drásticamente las condiciones de vida al desplazarse hacia las ciudades. En este sentido el Estado colombiano define de este modo una comunidad indígena:

> El grupo o conjunto de familias de ascendencia amerindia, que tienen conciencia de identidad y comparten valores, rasgos, usos o costumbres de su cultura, así como formas de gobierno, gestión, control social o sistemas normativos propios que las distinguen de otras comunidades, tengan o no títulos de propiedad, o que puedan acreditarlos legalmente, o que sus resguardos fueran disueltos, divididos o declarados vacantes. (Congreso de la República de Colombia, 1995)

Esta forma de concepción de la pertenencia étnica genera la ficción de una identidad estática y claramente reconocible, lo que se contradice con la multiplicidad de formas subjetivas de vivenciar la pertenencia étnica en contextos urbanos y la gran diversidad de manifestaciones culturales de lo indígena en el contexto de ciudad, lo cual también dificulta el acceso efectivo a los derechos de la población indígena urbana. Sin embargo, los cabildos indígenas han permanecido y, a través de su actividad constante, han sido paulatinamente reconocidos como interlocutores válidos ante las autoridades municipales, contando o no con el reconocimiento ante el Ministerio del Interior, entidad encargada formalmente de otorgarles la personería jurídica.

Vemos entonces que el ser indígena en la ciudad, más que responder a un concepto ahistórico y estático, se manifiesta en múltiples formas de autorreconocimiento y filiación que han ido emergiendo como resultado de sus dinámicas propias de establecerse y habitar la ciudad. En otras palabras, es diferente la forma en la que la pertenencia étnica se refleja según algunas variables (la edad, el sexo, la afiliación organizativa, el reconocimiento por origen territorial, entre otras), pues no logran capturar el holismo del ser indígena en la ciudad. Este último responde más a construcciones de la identidad desde procesos subjetivos, intersubjetivos, relacionales e históricamente situados.

De este modo, se puede afirmar que la territorialidad y la identificación como indígenas en contextos urbanos puede hallarse de manera más clara en lazos familiares, redes de apoyo y prácticas de carácter cultural y comunitario, entre las que se pueden mencionar las relaciones de intercambio comercial y cultural con los territorios de origen, la afiliación política a resguardos en dichos territorios (aun cuando se habite en la ciudad), la conservación de rasgos culturales tales como danzas, gastronomía, ceremonias religiosas, cosmovisiones, juegos y formas colectivas de reproducción de la cultura.

En este sentido, el reconocimiento de esta diversidad nos llevó a plantearnos, ¿cómo analizar el ser indígena en contexto de ciudad vinculando un concepto de bienestar? Ante tal cuestionamiento surgen dos elementos que constituyen los siguientes apartados de este capítulo: primero, la integración del conocimiento de lo propio atendiendo las producciones indígenas, y segundo, los círculos de palabra como aspectos teóricos-metodológicos integradores.

La integración de conocimiento indígena nos ayuda a reconocer el concepto de bienestar desde la diversidad de experiencias de los indígenas urbanos y su larga trayectoria de organización a través de los cabildos indígenas en la ciudad de Medellín. De este modo, atendiendo a sus producciones escritas a través de los planes de vida –los cuales guían el accionar político, organizativo y espiritual de las comunidades indígenas– y particularmente a los conceptos definidos en común acuerdo entre los cabildos en la formulación de la política pública indígena promulgada en 2019, encontramos como punto de consenso una confluencia alrededor de los conceptos de *buen vivir* y *ley de origen* como forma de expresión de un estado ideal de bienestar que orienta su accionar. Este estado de bienestar no se refiere únicamente a las condiciones económicas, sino también a un conjunto de condiciones existenciales que abarcan distintas dimensiones de la vida humana y que establecen códigos éticos de conducta al interior de los grupos humanos e igualmente en el relacionamiento de lo humano y la naturaleza. A continuación, profundizaremos en sus significados.

El *buen vivir* y la *ley de origen* como correlato de bienestar para los indígenas urbanos

Tanto en los planes de vida de los cabildos Chibcariwak (Cabildo Chibcariwak, 2012), Quillasingas-Pastos (Cabildo Quillasingas-Pastos, 2014)y el Inga (Cabildo Inga, 2014), como en el documento de la Política Pública Indígena de Medellín (Alcaldía de Medellín, 2019), se referencia constantemente el *buen vivir* como el paradigma que definía la concepción de bienestar de los pueblos indígenas, en contraposición con lo que denominan "vivir mejor" como paradigma de bienestar de la civilización occidental; esta diferencia entre el *vivir bien o buen vivir* y el vivir mejor es resaltada con énfasis como punto de divergencia entre las cosmovisiones ancestrales y los preconceptos de tradición colonizadora; esto se evidenció con total claridad desde la formulación de los criterios orientadores de la política pública indígena, en donde se expresaba que "desde la visión de los pueblos indígenas, existe una clara diferencia entre el *vivir bien o buen vivir*, y el vivir mejor, este último en el marco del paradigma hegemónico del desarrollo occidental" (Alcaldía de Medellín, 2019, p. 35), e igualmente se sostiene en dicho documento:

> Así, el vivir bien o buen vivir, es la base fundamental y horizonte de la política pública indígena que se sustenta en la diversidad de pueblos indígenas en la ciudad, cuyos buenos vivires o convivires, se establecen en el goce efectivo de sus derechos étnicos, en correspondencia con sus cosmovisiones y relaciones interculturales de respeto mutuo, horizontalidad y reciprocidad para la convivencia pacífica y armoniosa con la ciudadanía y la ciudad. (Alcaldía de Medellín, 2019, p. 38)

El *vivir bien o buen vivir* que fue retomado en los planes integrales de vida de los cabildos de Medellín y en la política pública indígena se basa en el paradigma cultural comunitario de los pueblos indígenas de Ecuador y Bolivia, quienes introdujeron el concepto del *buen vivir* en las reformas constitucionales que se dieron en estos países durante la primera década del presente siglo. El *buen vivir o vivir bien* es un concepto desarrollado por intelectuales pertenecientes a estos movimientos, y emerge como una traducción al español en la cual se sintetizan y expresan las cosmovisiones ancestrales de diferentes pueblos indígenas de Latinoamérica. Como tal, es un concepto aglutinador que surge de la traducción de diferentes máximas filosóficas cosmogónicas de pueblos ancestrales que expresan en ellas las claves éticas que orientan su filosofía de vida y que son recogidas, sistematizadas y presentadas por un conjunto de autores como "paradigma del *buen vivir*", de este modo:

> La conceptualización del Buen Vivir-Vivir Bien como paradigma construido por autores indígenas se consolida en la primera década del siglo XXI, aunque es a partir de la conmemoración de los cinco siglos de resistencia (1992), cuando surge la necesidad de sistematizar los conocimientos y las propuestas de los pueblos originarios. (Rodríguez Salazar, 2016, p. 134)

La conceptualización del *buen vivir* se constituye como horizonte de bienestar incluyente tras la movilización, la agencia y las demandas de los movimientos indígenas durante finales del siglo pasado y principios del presente siglo. Sin embargo, es a partir de 2008 y 2009, con la promulgación de las constituciones políticas de Ecuador y Bolivia en donde el *buen vivir* emerge como una propuesta de orientación de los movimientos indígenas, ya no solo pertinentes para estos países, sino para América Latina en general:

> Los trabajos de los autores indianistas se caracterizan por la insistencia en la definición del Buen Vivir-Vivir Bien, como un paradigma que se diferencia del occidental y además se opone al desarrollo y a los valores de la modernidad que atentan contra la vida. Por ello se centran en la definición de los principios y conceptos que sustentan esta filosofía, haciendo énfasis en aspectos de la cosmovisión indígena tales como: el enfoque holístico, la centralidad de la vida, la comunión con la naturaleza, la ciclicidad del espacio-tiempo y la espiritualidad, entre otros. (Rodríguez Salazar, 2016, p. 136)

Como una propuesta nacida en el contexto de los movimientos andinos, el *buen vivir* en su adaptación a los diferentes movimientos indígenas latinoamericanos ha experimentado reformulaciones y transformaciones que han llevado a que más bien se hable de los "buenos vivires" en plural, ya que, si bien mantiene unas claves esenciales como las mencionadas anteriormente, este paradigma adopta las particularidades de las filosofías de los pueblos indígenas en donde es retomado. Para el caso de Medellín, y particularmente en la elaboración de los planes de vida de los cabildos y de la política pública indígena, el *buen vivir* se pone en diálogo con el concepto de *ley de origen*, concepto orientador de los pueblos indígenas de Medellín desde hace algunas décadas, como se evidencia en un documento publicado en el 2007 por la Organización Nacional Indígena de Colombia (ONIC):

> La Ley de origen es la ciencia tradicional de la sabiduría y del conocimiento ancestral indígena para el manejo de todo lo material y espiritual. Su cumplimiento garantiza el equilibrio y la armonía de la naturaleza, el orden y la permanencia de la vida, del universo y de nosotros mismos como Pueblos Indígenas guardianes de la naturaleza. Así mismo, regula las relaciones entre los seres vivos, desde las piedras hasta el ser humano, en la perspectiva de la unidad y la convivencia en el territorio ancestral legado desde la materialización del mundo. (ONIC, 2007, p. 15)

Así, el vivir bien o buen vivir se definen como referentes teóricos iniciales sobre las concepciones de bienestar. Es importante aclarar que dichos conceptos han sido construidos desde una concepción positiva del bienestar, pero ¿qué sucede cuando la realidad de las ciudades está marcada por antagónicos del bienestar como lo son la pobreza multidimensional y las desigualdades persistentes, y esto impacta la vida de los indígenas en la ciudad de Medellín? Es en este momento cuando entra en juego la investigación dialógica y los *círculos de palabra*, pues, a partir de la búsqueda de categorías explicativas de estos fenómenos antagónicos del buen vivir se trata de conceptualizar y entender las diferentes formas de vida de los indígenas en la ciudad y sus estrategias o limitaciones para el buen vivir en contextos de ciudad.

La realidad vivida por los pueblos indígenas en las ciudades está marcada por circunstancias muchas veces contraproducentes para el logro de una vida digna y floreciente en el ámbito del bienestar. No se pueden desconocer las dificultades que estos pueblos vivencian en las ciudades. Sin embargo, a nivel teórico-metodológico, se puntualizó entonces la necesidad de que conceptos como la pobreza, las privaciones o las desigualdades persistentes no restringieran el desarrollo metodológico en campo. Es así como se abre el espacio a la metodología de los *círculos de palabra*, que se centró en la generación de categorías explicativas que surgen del trabajo de campo en sí mismo; esto significa que no se acotó la riqueza de significados y sentidos que los sujetos de investigación pudiesen aportar.

Lo anterior indica que se planteó como prioridad la elección de metodologías que otorgaran preeminencia a las representaciones e imaginarios de los indígenas urbanos, lo que incluye también a los conceptos de *buen vivir* y *ley de origen*, por sobre cualquier marco teórico; ello nos llevó a centrar nuestra atención en la elección de metodologías que permitieran la adopción de conceptos iniciales necesarios para la formulación del proyecto de investigación, pero que al mismo tiempo fueran lo suficientemente flexibles para realizar conceptualizaciones sobre la pobreza y el bienestar surgidas del propio campo.

En tanto, esto permitió la recuperación de los imaginarios y las representaciones de la pobreza y el bienestar de los indígenas urbanos.[5] El uso de las tradiciones orales ayudó a que rápidamente emergieran con claridad conceptos contrastables. El protagonismo de la palabra y la recuperación de dicha práctica así lo revelan, puesto que permitieron la expresión de los imaginarios y de las representaciones de construcciones culturales que adquieren su expresión en el lenguaje y en los comportamientos cotidianos. Es decir, con esta práctica surge el lenguaje que muchas veces no tiene correlación con las formas técnicas o académicas –como el expresado en la política pública indígena o los planes de vida– sino que la mayoría de las veces se expresa por medio de los usos prácticos y contextuales del lenguaje, es decir, a través de las metáforas, los relatos (que ejemplifican lo expresado), el lenguaje corporal o simbólico (rituales, juegos, etcétera) y los refranes o frases populares entre otros.

A continuación, explicamos la investigación dialógica y los círculos de palabra, los cuales ponen en el centro el diálogo. Estas metodologías favorecen una lectura hermenéutica de lo recogido en campo y ofrecen una riqueza teórico conceptual comprensiva, porque retroalimenta el encuentro intercultural debido a las condiciones particulares de la población indígena de la ciudad. A partir de esto es fácil identificar el principio del reconocimiento de la diversidad de epistemes, propio de los contextos interculturales.

[5] Este asunto será tratado en el capítulo 3, titulado “El bienestar indígena en Medellín y el arraigo-desarraigo: aplicación de los círculos de palabra”.

Los círculos de palabra y la investigación dialógica como estrategia metodológica

Los círculos de palabra son una estructuración de un diálogo fluido en torno a un tema específico convocante, que preestablece unos principios en común acuerdo con los participantes. Es una práctica común en algunos pueblos indígenas que ensalza y trasciende la palabra y la comunidad. En este apartado argumentamos además que la investigación dialógica está fuertemente conectada con los círculos de palabra, pues permite pasar de una propuesta teórico-metodológica a una acción metodológica práctica que parte del reconocimiento de la relación sujeto-sujeto-mundo de la vida, como triada de construcción del conocimiento social.[6] Por ende, los círculos de palabra y la investigación dialógica reconocen la subjetividad de quien investiga en relación con lo investigado, y así mismo la complejidad de la investigación social. En tanto, implica necesariamente la relación sujeto-sujeto con todo lo que ello supone en términos epistémicos, políticos y éticos. Sobre la investigación dialógica, Ghiso enuncia:

> Desde esta perspectiva de investigación social, la naturaleza de la realidad social es una construcción humana dialógica cuyos significados son construidos de forma comunicativa a través de la interacción entre las personas; por otra parte, la realidad social se conoce en el diálogo, y el conocimiento es producto y productor de nuevas interacciones comunicativas. Por su lado, la metodología que se utiliza se genera relacionando tres conceptos asociados: diálogo, interacción, comunicación crítica, donde las personas involucradas en el proceso participan develando los hechos, negociando comprensiones, ampliando explicaciones y proponiendo prácticas capaces de transformar. (Ghiso, 1997, p. 7)

Ahora bien, en este tipo de investigación social a la realidad se la reconoce en toda su complejidad como una construcción múltiple que surge como resultado de las interacciones entre sujetos históricos y territorialmente situados. Es un campo de construcción de significados y sentidos que se consolida en procesos de intercambio y negociación entre sujetos. En este sentido, se otorga predominancia a lo dialógico, es decir, al encuentro de diferentes *logoi* que, en la riqueza del diálogo, construyen un conocimiento propicio para

6 En este sentido, nuestra investigación rompe con la lógica del *statu quo* del saber científico que impone un conocimiento externo y la predominancia de las metodologías de investigación determinadas por la preminencia de la relación sujeto-objeto y realidad social externa, la cual ha propiciado una lectura de la realidad ahistórica y con pretensiones de neutralidad valorativa.

comprender e intervenir sobre la realidad. En concordancia con lo anterior podría afirmarse:

> La investigación social dialógica como práctica social de resistencia no opera desde lo espontáneo, es una práctica intencionada, formativa y constructora de ambientes de reflexión y autorreflexión (crítica), y de intersubjetividad (comunicativa). El problema aquí no son las técnicas de generación de información, (reconociendo que no hay técnicas neutras) la clave de su diseño y aplicación está en la naturaleza e interés que las configura: comunicación, interacción y diálogo crítico. (Ghiso, 1997, p. 7)

La adopción de la investigación dialógica no solo aporta un marco de comprensión teórico-metodológico mucho más amplio sobre el diálogo y la comunicación, sino que además permite la exploración de técnicas de investigación alternativas al saber científico tradicionalmente utilizado, como los círculos de palabra. En otros términos, favorece la interacción y la generación de conocimiento crítico. Esta metodología es cercana a las tradiciones de diálogo desarrolladas al interior de las mismas comunidades, y conecta de esta manera con los saberes en contextos interculturales. Estos contextos tienen sus propias características y modos de orientación, que no coinciden muchas veces con las formas de diálogo que se propician dentro de espacios académicos o institucionales propiamente dichos, tal y como es señalado por Gerardo Vásquez acerca de los saberes y la interculturalidad en Medellín:

> Puede decirse que los principales rasgos diferenciadores que configuran a las comunidades y sus saberes ancestrales de la ciudad en cuanto a su vivencia en sus diálogos de saberes íntimos están relacionados con, por lo menos, tres características básicas. La primera se enmarca en lo que podemos denominar la predominancia de un diálogo de saberes basado en la necesidad de resolver cuestiones del vivir cotidiano. La segunda característica tiene que ver con un intercambio de saberes cimentado en la comprensión integral de asuntos relacionados y conectados con la existencia vital de su entorno en la cual el intercambio lingüístico opera con igual fuerza que el dictamen de los ancestros y las tradiciones. Finalmente, la tercera está referida a que la dimensión temporal utilizada en el diálogo de saberes parte de una concepción no lineal del tiempo, no hay pasado que superar u olvidar, ni la visión futurista, su deseo de vivir mejor se relaciona con las condiciones marginales y el empobrecimiento causado por los patrones modernos y el capitalismo, mas no por su historia ancestral. (Vásquez, 2015, p. 143)

Atendiendo a las particularidades del diálogo como práctica de las comunidades indígenas en contexto de ciudad, los círculos de palabra son un elemento intercultural integrador de saberes que permite, incluso, la obtención de información. Según Murillo "los círculos de palabra son un espacio de diálogo en el cual los Sabedores Indígenas rememoran, evalúan, construyen y reconstruyen el conocimiento propio" (2016, p. 122). Esta metodología ha sido usada por instituciones u organizaciones que se dedicaban a la mediación cultural e intercultural entre conocimientos indígenas y occidentales en Colombia, y ha servido de base para la construcción de documentos de política pública, como en el caso de Medellín.

Sin embargo, para entender bien los círculos de palabra debemos remitirnos a una forma arquetípica de conexión que incluso trasciende el mundo físico y entabla relación con lo místico, según Tobón Castrillón:

> [. . .] el modelo de pensamiento en espiral de los indígenas es transversal a todas las dimensiones que componen al ser humano y a lo que lo rodea, por lo tanto, el círculo es el patrón natural que subyace implícito desde el momento de nacer hasta la muerte, que incluso la trasciende [. . .]. Es de resaltar que el círculo se reconoce como figura estructurante de principio natural del todo. El círculo es un estilo de pensamiento que permea todas las áreas de la vida, lo cual implica que el diálogo con cualquier fin también se gestiona bajo esta dinámica [. . .]. (2019, pp. 42–43)

La ancestralidad del uso de los círculos de palabra no es solo vinculante a los pueblos indígenas en el continente americano –donde se han comenzado a difundir las experiencias de diferentes pueblos indígenas andinos aunque, como insisten algunos colectivos, hay poca evidencia escrita sobre los procesos y el conocimiento propio (Majín Melenje, 2018), y los nativos de las culturas del norte del continente (Picou, 2000; Tachine, Bird & Cabrera, 2016)–, sino además la de indígenas australianos, que son círculos de seguridad cultural que se caracterizan por ser prácticas inclusivas (Aseron, Neyooxet Greymorning, Miller & Wilde, 2013).

En la literatura también encontramos que a los círculos de palabra se les da un uso práctico en varias áreas del bienestar o para establecer acciones políticas, como por ejemplo: primero, para la convivencia, la participación política y las políticas en un territorio (Alcaldía de Medellín, 2019); segundo, para entablar procesos de solución de conflictos (Gelvez et al., 2017); tercero, los aplicados a la educación (Tachine, Bird & Cabrera, 2016) y en algunos casos a las formas de descolonizar la educación (Barkaskas & Gladwin, 2021) y, cuarto, a la salud (Blandón Naranjo y Ríos Castro, 2020). Cada uno de estos tiene unas pautas metodológicas diferentes, pues depende del objetivo y de los participantes, pero conservan en común el realce de la importancia de la palabra, la escucha y el respeto al conocimiento propio.

Si bien según Murillo Escobar en Colombia hay más de diez pueblos indígenas que practican los círculos de la palabra en la actualidad (2016, p. 122), en nuestra investigación nos referimos al conocimiento ancestral de la práctica del pueblo murui-muina del Amazonas colombiano que, a partir de un proceso de concertación con algunas instituciones, se adaptó a los contextos de ciudad.

La metodología del círculo de palabra es una adaptación de lo que comúnmente se conoce como *mambeadero*, un ritual estructurante del pueblo indígena murui-muina. Este pueblo ha sido reconocido históricamente con el nombre de "huitotos", palabra que significa "enemigo" en la lengua karijona (tribu enfrentada históricamente con los murui-muina, actualmente extinta). Los murui-muina han preservado su tradición a través de este ritual que constituye el espacio de socialización y encuentro comunitario por excelencia, el nombre de *mambeadero* responde al verbo "mambear" con el que se designa a la acción de consumir de manera ritual el mambe (harina de coca mezclada con cenizas de yarumo) y el ambil (pasta de tabaco mezclada con diversas sales naturales). Para este pueblo este ritual es de tal importancia que se denominan a sí mismos como "hijos de coca y tabaco".

El espacio del *mambeadero* se realiza en la maloca, centro de la vida comunitaria donde los abuelos reúnen a la comunidad para recrear su cosmogonía a través de la narración de los mitos tradicionales, portadores de conocimientos cosmológicos, epistemológicos, pero ante todo éticos de la comunidad, que buscan reproducir la armonía entre la comunidad y los seres humanos en su relacionamiento con la naturaleza (un concepto amplio que abarca las plantas, los animales, y los "dueños" o espíritus protectores de la naturaleza).

Para el caso de su aplicación en contextos urbanos, la utilización de estas plantas puede variar, buscando una adaptación a las condiciones propias de cada contexto. En este caso hablamos de un círculo de palabra, donde de igual manera se tiene como eje central la consecución de armonía a través del diálogo, la mediación de conflictos y la producción de conocimiento que permita superar dificultades o comprender la realidad para potenciarla en la intervención a través de una acción consciente. Esta metodología es algo que viene desarrollándose durante siglos (su registro literalmente se pierde en el tiempo) por las comunidades indígenas murui-muina del departamento del Amazonas.

En contextos de ciudad, la adaptación de los círculos de palabra implica recurrir a redes sociales y políticas preestablecidas para convocar y gozar de una apertura para participar en el círculo de palabra. En Medellín específicamente, convocar a los grupos indígenas implica dirigirse a las autoridades de las comunidades, las cuales están dadas por la organización de los cabildos. Si la red social o la pertenencia al grupo no están preestablecidas, el mecanismo activador es la red institucional, en el caso de Medellín, la Gerencia de Etnias de la Alcaldía de Medellín es el enlace institucional entre la academia y los cabildos. Sin embargo, su efectividad está atravesada por las condiciones sociales, políticas y espaciales.

En nuestro caso, el COVID fue un factor negativo, pues tras los primeros meses después del aislamiento que trajo consigo la pandemia existía aún miedo a realizar reuniones, las condiciones sociales se habían empeorado para los más vulnerables y la comunicación y la confianza institucional estaban fracturadas. En lo simbólico y espacial también existen limitaciones, pues no hay un sitio predestinado para los círculos de palabra, y los elementos que componen el centro del círculo no siempre proceden de las mismas comunidades. Además, en ciudad se recurre a escenarios de concertación institucional o espacios de común acogida, siendo el Edificio de Etnias o la Universidad de Antioquia los escenarios recurrentes para estas prácticas. Si bien en la ciudad se nombran algunos sitios sagrados para los indígenas, estos no se han determinado para dichas prácticas culturales. A pesar de las limitaciones para realizar los círculos de palabra en contextos de ciudad, es posible llevar a cabo esta práctica.

Ahora bien, la metodología del círculo de palabra se presenta de manera simple, pero su comprensión lleva tiempo, ya que solo se comienza a entender una vez que se interioriza y se practica conscientemente; consta de unos puntos que tienen como corazón el comprender la palabra como un tejido: todos nos entretejemos, dependemos de los demás, nuestra palabra no busca dañar ni divergir, busca sanar, unir, cuidar y heredar, estos objetivos se manifiestan en cuatro acuerdos para el desarrollo del diálogo: primero, hablar desde la propia experiencia, segundo, no contrapuntear, tercero, no repetir lo que los demás dijeron y cuarto, no salirse del tejido. Esta se relaciona con los principios del enfoque dialógico, que implica que cuando se realiza se debe cumplir con ser colectivo, recíproco, de apoyo, acumulativo y determinado (ver Tabla 1).

El primer acuerdo hace referencia a recuperar de la memoria y del sentir el significado real de lo que hablamos. Muchas veces la información que presentamos no surge directamente de lo que sentimos o pensamos, sino de lo que nuestro sistema de creencias afirma que es correcto, de lo que hemos visto durante décadas en la escuela o en los medios de comunicación y de lo que consideramos que es lo correcto, porque alguna "autoridad" lo avala, sea esta la escuela, la religión, la ciencia, u otra; esto no permite que la verdadera voz se exprese, estamos hablando constantemente con "palabra prestada". Descubrir la propia voz requiere valentía, ya que nos confronta con lo que realmente pensamos y nos pide coherencia para vivir acorde a ello, nos muestra las contradicciones entre lo que pensamos, decimos y hacemos y esto es desafiante, en algunas ocasiones incluso doloroso.

Tabla 1. Metodología del círculo de palabra y la investigación dialógica: categorías de la comprensión de la palabra como un tejido

Acuerdo	Subtema	Principios claves del enfoque dialógico				
		Colectivo	**Recíproco**	**Apoyo**	**Acumulativo**	**Determinado**
Recuperar de la memoria y del sentir el significado real de lo que hablamos	Memoria Significado del sentir o pensar Voz propia Confrontación	El colectivo se dirige a recuperar juntos la memoria.	Se escuchan unos a otros para recuperar la memoria.	La memoria se expresa libremente y se da un apoyo sentido. La dinámica se produce sin miedo a la vergüenza o a la equivocación, porque no hay respuestas equivocadas. Hay ayuda mutua para un común entendimiento.	Una memoria y un sentir expresado tienen un efecto causal en otra memoria, lo que lleva a que cada uno produzca una línea de pensamiento coherente y autorreflexivo que se va expresando de manera espontánea.	En el acuerdo de recuperar la memoria existe una autodeterminación de las personas que conforman el círculo de palabra de lograr el objetivo que los convoca. Esto facilita el aprendizaje dialógico.
No contrapuntear	Suma No imposición No censura Confianza Conocimiento propio	Las personas suman a una dinámica del colectivo, se disuelven comportamientos egoístas individuales en pro del colectivo. No hay imposición o censura.	Se escuchan unos a otros, comparten ideas sin imponer o censurar. Consideran puntos de vista o conocimiento propio de manera alternativa.	La confianza es uno de los principales articuladores, pues las personas sienten un apoyo mutuo para desarrollar las ideas propias y recuperar la memoria.	Al evitar contrapuntear, se evitan procesos de censura o de imposición jerárquica o que desbaratan el conocimiento tejido.	Existe una determinación por parte de cada persona de generar las condiciones favorables en la comunicación para tejer el conocimiento.

Acuerdo	Subtema	Principios claves del enfoque dialógico				
		Colectivo	Recíproco	Apoyo	Acumulativo	Determinado
No repetir	Tejer Dialogar Avance del Conocimiento Información	Si bien las memorias pueden ser colectivas, el recuperar la memoria mediante la no repetición permite tener más elementos de análisis y caracterización.	La atención en la escucha, el respeto a la palabra y la conexión con el otro llevan a una reciprocidad mutua para no repetir.	Se da una articulación de las ideas y un avance en el conocimiento mediante el apoyo expresado en la escucha y en la lógica del diálogo en el tejido.	Se construye desde las ideas de cada uno y las propias sin repetición.	El objetivo que los reúne implica que debe haber un avance en el conocimiento y no se deben repetir ideas.
No salirse del tejido	Orden Consistencia Correlación con el tema principal	El orden en la palabra es espontáneo pero organizado, y surge con la consistencia de la producción de las ideas propias en interacción con el colectivo.	La atención a elementos de orden, consistencia y correlación con el tema principal hacen parte de una escucha y un compartir recíproco.	Hay un apoyo de los miembros y de quien orienta el círculo de palabra para no salirse del tejido.	La construcción de las ideas mantiene un tejido coherente que se va construyendo.	El tema principal se convierte en un plan que facilita un aprendizaje dialógico con un objetivo particular.

Fuente: Elaboración propia (2022).

El segundo, no contrapuntear, hace referencia a que en un círculo de palabra el objetivo es siempre sumarse, cuando con mi palabra aseguro que otra persona no está en lo correcto impongo mi punto de vista, y esto equivale en un tejido a deshacer la puntada anterior, lo importante aquí es expresar mi palabra para compartir, no para corregir, castigar, censurar o asegurar que soy yo quien tiene la última palabra sobre un asunto. Esto busca generar un ambiente de confianza para expresar la palabra propia, lo cual lleva a que las personas tengan la valentía de descubrir y valorar el conocimiento propio. Este es el principio básico de la construcción colectiva del conocimiento.

El tercero implica que lo que los demás dijeron nos saca rápidamente de los círculos viciosos en la información, y permite que se teja; en un tejido, si todos aportamos solo el color rojo al tejido, la mochila queda uniforme; en ocasiones las personas son muy dadas a repetir la misma información de muchas maneras, esto es bueno cuando la información apenas se está presentando y cuando los dialogantes están en proceso de descubrir y sacar a flote los conocimientos previos, una vez hecho esto, el conocimiento debe avanzar, y por ello es necesario realizar preguntas provocadoras que lleven la información al siguiente nivel.

Y finalmente, no salirse del tejido mantiene la coherencia del tema que se presenta. Es un principio para mantener el orden y la consistencia de la palabra en sus marcos de sentido, no quiere decir que no se permita la introducción de variables no acostumbradas en la discusión (de hecho, esto es favorable), sino estar atentos a que mantengan una relación con el tema principal o puedan re-tejerse.

Esta metodología busca así "tomar para la mochila propia solo lo que corresponda" (la mochila es un simbolismo del pensamiento); tiene que ver con hacer un buen uso de la información, valorando lo que se quiere aprender, qué se busca realmente con la información que se toma y en qué parte de la vida y del pensamiento la ubica cada persona. Significa también comprender que lo que el otro expresa puede ser una realidad para él, pero no para otro más o, incluso, para el investigador que está presente; simplemente en este caso se invita a discernir, de la palabra de la otra persona, lo que se ajusta a la "mochila" de quien escucha, y dejar pasar lo que no se comprende o lo que no tiene sentido para la vida del interlocutor y sus propias prácticas. Esto lleva a que las palabras no se encuentren en confrontación; pero más allá de eso, a empezar a construirse a sí mismo a partir de la experiencia de los demás; si esta experiencia es realmente sentida, la palabra se vuelve sanadora, si alguien que vivió un proceso difícil, logra desnudar su sentir al expresar esta experiencia, puede hacer que alguien que esté pasando por algo similar pueda ver una salida real a su situación, nutriéndose de la experiencia de alguien que atravesó las mismas circunstancias. Esto lleva a que en el grupo se genere una amistad más allá de un simple encuentro académico, si es el caso.

Esta forma de hablar no es común en nuestra vida diaria, requiere otra utilización de la palabra y del pensamiento que llama a un involucramiento directo con lo que se habla, nos compromete a realmente habitar nuestra palabra, organizar nuestro pensamiento y tomar decisiones acordes a ello; en resumen, que tengamos conciencia de nosotros mismos. Esta conciencia es el único medio para que las prácticas que adoptemos se conviertan en una convicción y puedan resistir el paso del tiempo.

Conclusiones

De acuerdo con lo planteado en el presente capítulo, se ha dado cuenta de los principales momentos, elecciones y reflexiones que han hecho parte de la construcción teórica y metodológica de la investigación "Análisis de la pobreza multidimensional y la persistencia de las desigualdades en los grupos indígenas que habitan Medellín"; el acercamiento en detalle a experiencias de investigación como la presentada aquí permite poner a disposición de investigadores/as sociales y de las ciencias económicas la memoria metodológica de un proceso investigativo con indígenas en contextos urbanos.

En tanto, explicitar las formas de construcción de conocimiento social en contextos interculturales detallando la vivencia de quienes nos acercamos a las poblaciones indígenas en contextos urbanos, permite reconocer la complejidad del campo que se analiza. De igual manera, revela la existencia de dificultades prácticas detrás de la construcción del problema de investigación que pretende analizar: la pobreza y la desigualdad indígena, pues vincula las formas del ser y el hacer en contextos de ciudad de los indígenas pertenecientes a diversos grupos.

Las vivencias de los indígenas urbanos se conectan con lo etnográfico, lo simbólico y la palabra, aspectos que se convierten en protagonistas, pero tampoco se pueden dejar de lado los aspectos vivenciales como sujetos políticos y de resistencia a procesos de investigación, los cuales muchas veces están relacionados con prácticas civilizatorias o de *otros* que no pertenecen a su comunidad. En este sentido, detrás de la construcción de un saber vinculante de sujetos y mundos vivenciales, existen rigideces, prácticas como sujetos políticos y colectivos y, circunstancias políticas y de entorno que interfieren en la búsqueda conceptual en la construcción metodológica.

Rescatar y poner en valor los procesos de producción de conocimiento, no únicamente como resultado final de investigación sino como proceso complejo de abordaje de la realidad social, permite reflexionar sobre caminos metodológicos alternativos por los cuales se está apostando desde diferentes disciplinas y grupos de investigación, en coherencia con la demanda de aperturas epistémicas, teóricas y metodológicas para campos de investigación tan complejos como la realidad de las comunidades indígenas en contextos urbanos, realidades que demandan sus propias formas de abordaje.

Este capítulo aporta herramientas de investigación que ayudan a comprender las problemáticas indígenas en contextos específicos de ciudad. Se teje para develar la recuperación de la memoria y las vivencias de los indígenas urbanos y ser comprehensivos e incluyentes; al mismo tiempo, se acrecienta la reflexión crítica sobre los mismos diseños investigativos. Los círculos de palabra ayudan a generar un diálogo que enriquece las teorías, las metodologías y las técnicas de investigación en contextos interculturales (urbanos o no), y a su vez permiten la adopción de epistemes que favorecen realmente el acercamiento a la realidad de las comunidades indígenas desde sus propias formas de generar conocimiento y de concebir la realidad; solo así podrá avanzarse en la superación del desconocimiento y falta de saber sobre pueblos ancestrales, dadas por las acciones sesgadas y la aplicación de metodologías o haceres dominados por los paradigmas del saber científico en el campo de las ciencias sociales y humanas.

Referencias

Agencia de la ONU para los refugiados [ACNUR] (2006). *Colombia, desplazamiento indígena y política pública: paradoja del reconocimiento.* Bogotá: Oficina de la ACNUR en Colombia.

Alcaldía de Medellín (2019). *Documento técnico de exposición de motivos del Proyecto de Acuerdo por medio del cual se adopta la política pública para la protección integral de los pueblos indígenas en el municipio de Medellín.* Medellín: Alcaldía de Medellín.

______ (2020). *Medellín Futuro, Alcaldía de Medellín 2020–2023. Plan de Desarrollo.* Medellín: Alcaldía de Medellín.

Alcaldía de Medellín (5 de noviembre de 2021). *Ocho cabildos de Medellín instalaron la Mesa de Concertación de los Pueblos Indígenas.* Obtenido de Sala de Prensa: https://www.medellin.gov.co/es/sala-de-prensa/noticias/ocho-cabildos-de-medellin-instalaron-la-mesa-de-concertacion-de-los-pueblos-indigenas/

Aristizabál Botero, C. A., Cárdenas Avendaño, Ó. M. y Rengifo González, C. (2018). Desplazamiento, trayectorias y poblamiento urbano. El caso de la comuna 3 Manrique, Medellín, 1970–2010. *Estudios politicos* (53), 126–147. https://doi.org/10.17533/udea.espo.n53a06

Aseron, J. S., Neyooxet Greymorning, S., Miller, A. & Wilde, S. (2013). Cultural safety circles and indigenous peoples perspectives: inclusive practices for participation in higher education. Contemporary issues. *Education Research-Fourth Quarter, 6*(4), 409–416. https://files.eric.ed.gov/fulltext/EJ1073191.pdf

Barkaskas, P. & Gladwin, D. (2021). Pedagogical talking circles: decolonizing education through relational indigenous frameworks. *Journal of Teaching and Learning, 15*(1), 20–38. https://doi.org/10.22329/JTL.V15I1.6519

Blandón Naranjo, L. y Ríos Castro, D. Y. (2020). *Formas "otras" de comprender la salud desde la práctica de medicina ancestral en la comunidad Carare. Una apuesta por el vivir bonito.* [Tesis de Maestría]. Medellín: Universidad de Antioquia.

Cabildo Chibcariwak (2012). *Plan de Vida Cabildo Indígena Chibcariwak. Una minga para la pervivencia de los pueblos indígenas en la ciudad con la voz de la Madre Tierra 2012–2023.* Medellín: Alcaldía de Medellín.

Cabildo Inga (2014). *Plan Integral de Vida Inga 2014–2027. Nukanchipa kaugsaikunata, iuiaikunata mana sakingapa wañungapa. Para que nuestra vida y pensamiento perviva.* Medellín: Alcaldía de Medellín.

Cabildo Quillasingas Pastos (2014). *Plan Integral de Vida de la comunidad indígena que hace parte del cabildo Quillasingas Pastos de la ciudad de Medellín.* Medellín: Alcaldía de Medellín.

Caicedo, L. (3 de julio de 2014). Riosucio y Medellín: unidos por la existencia de un resguardo indígena llamado San Lorenzo y por el culto a la virgen de la Candelaria. *Actualidad étnica.* https://www.actualidadetnica.com/cultura/cultura-indigena/8943-riosucio-y-medellin-unidos-por-la-existencia-de-un-resguardo-indigena-llamado-san-lorenzo-y-por-el-culto-a-la-virgen-de-la-candelaria.html

Colombia. República de Colombia (1991). *Constitución Política de Colombia.* Bogotá: Presidencia de la República.

Congreso de la República de Colombia (7 de diciembre de 1995). Decreto 2164, Por el cual se reglamenta parcialmente el Capítulo XIV de la Ley 160 de 1994 *en lo relacionado con la dotación y titulación de tierras a las comunidades indígenas para la constitución, reestructuración, ampliación y saneamiento de los resguardos indígenas en el territorio nacional.* Bogotá: Imprenta Nacional.

DANE (2021). *Proyecciones y retroproyecciones de población municipal para el periodo 1985–2019 y 2020–2035 con base en el CNPV 2018.* Bogotá: Gobierno de Colombia. https://www.dane.gov.co/index.php/estadisticas-por-tema/demografia-y-poblacion/proyecciones-de-poblacion

Gélvez, A., Jiménez, J., Meneses, F., Prieto, C., Silva, J. y Quintana, L. (2017). *Relación entre los círculos de palabra y los modos alternativos de solución de conflictos (MASC).* Bogotá: Universidad Santo Tomás de Aquino.

Ghiso, C. A. (1997). Investigación dialógica, resistencia al pensamiento único. *Congreso mundial de convergencia en investigación participativa* (pp. 1–12). Cartagena: Taos Institute. https://www.taosinstitute.net/wp-content/uploads/2020/01/Ghiso-Alfedo_Investigaci%C3%B3n-Dial%C3%B3gica-1.pdf

Jaramillo, W., Rodríguez, L. y Roncancio, A. (1998). *Nobles, blancos y mestizos en la Villa de Nuestra Señora de la Candelaria de Medellín: probanzas de nobleza, familia y mestizaje del cabildo 1674–1812.* Bogotá: Instituto Colombiano de Cultura Hispánica, 1998.

Majín Melenje, O. H. (2018). El Círculo de la palabra, tecnología ancestral e intercultural en la comunidad Yanakuna, Popayán, Cauca. *Ciencia e Interculturalidad, 23*(2), 149–163. https://doi.org/10.5377/rci.v23i2.6574

Murillo Escobar, D. (2016). Seguimiento a la palabra: aproximación a los ejercicios de memoria y reflexión de las autoridades ancestrales indígenas en los Círculos de Palabra. *Maguaré, 30*(2), 121–147. https://revistas.unal.edu.co/index.php/maguare/article/view/66916

Organización Nacional Indígena de Colombia (ONIC), (2007). *Derechos de los pueblos indígenas y sistemas de jurisdicción propia*. Bogotá: Editorial Bochica.

Picou, J. (2000). The "Talking Circle" as sociological practice: cultural transformation of chronic disaster impacts. *Sociological Practice, 2*(2), 77–97. http://www.jstor.org/stable/43735710

Rodríguez Salazar, A. (2016). *Teoría y práctica del buen vivir: orígenes, debates conceptuales y conflictos sociales. El caso de Ecuador* [Tesis Doctoral]. Vizcaya: Universidad del País Vasco. https://addi.ehu.es/handle/10810/19017

Tachine, A. R., Bird, E. Y. & Cabrera, N. L. (2016). Sharing Circles. *International Review of Qualitative Research, 9*(3), 277–295. https://doi.org/10.1525/irqr.2016.9.3.277

Tobón Castrillón, G. (2019). *Círculos de palabra ancestral: una alternativa dentro de la educación para la convivencia escolar* [Tesis de Maestría]. Bogotá: Fundación Universitaria Los Libertadores. https://repository.libertadores.edu.co/handle/11371/2530

Vásquez, G. (2015). Diálogos y alteridad con la sociedad hegemónica. En Gómez, E., Vásquez, G., Betancur, V., Martínez, D. y Ocampo, M. *Diálogo de saberes e interculturalidad. Indígenas, afrocolombianos y campesinado en la ciudad de Medellín* (pp. 1–191). Medellín: Universidad de Antioquia.

Abordajes del bienestar: entre la academia, la política, los textos propios indígenas y la visión colectiva de la vida[1]

SHARON LILIE CIRO FLÓREZ[2]
LILIANA GALLEGO-DUQUE[3]

Resumen: En este capítulo se aborda el bienestar indígena desde un estudio documental, estableciendo una visión crítica sobre dicho concepto a partir de la producción de los textos académicos, los documentos de política pública y, finalmente, los textos propios, es decir, los producidos en general por los cabildos indígenas y que incluyen la visión colectiva de la vida. El bienestar es un concepto holístico que, especialmente en los indígenas que habitan las ciudades y en nuestro caso Medellín, se torna un tema de análisis, interpretación y tensiones entre los diferentes actores indígenas y no indígenas. Las tensiones incluyen análisis y postulados sobre las categorías de análisis de las condiciones de vida, no solo entre lo rural y lo urbano, sino, además, sobre la lucha por derechos y la efectividad de estos, y la concepción de una buena forma de vida que incluye lo colectivo.

[1] Este capítulo es resultado parcial del proyecto de investigación número 2019-27832 "Análisis de la pobreza multidimensional y la persistencia de las desigualdades en los grupos indígenas que habitan Medellín", financiado por el Comité para el Desarrollo de la Investigación –CODI– de la Universidad de Antioquia, Convocatoria 1750 Primer Proyecto Vicerrectoría de Investigación, con Modalidad 1701 Estudiante en formación Maestría. Grupo de Estudios Regionales, Universidad de Antioquia, Medellín.

[2] Antropóloga Universidad de Antioquia, magíster en Estudios Políticos de la Universidad Nacional de Colombia. Correo electrónico: sharon.ciro@udea.edu.co

[3] Profesora asociada de la Universidad de Antioquia, doctora en Economía Aplicada y doctora en Sociología de la Universidad Autónoma de Barcelona. Miembro del Grupo de Estudios Regionales (GER), Departamento de Economía, Facultad de Ciencias Económicas, Universidad de Antioquia, Medellín. Correo electrónico: lilianam.gallego@udea.edu.co

A pesar de que los indígenas deciden o se ven obligados a establecerse o permanecer en Medellín –muchas veces por causas o hechos histórico-estructurales que han afectado su bienestar y sus formas de *vivir bien o buen vivir*–, su concepción cultural y formas de vida perviven y permean su ser y hacer en la ciudad. Sin lugar a duda, analizar su bienestar implica más que poner el foco en unas dimensiones. Dicha reflexión debe llevar al reconocimiento en las formas de vida desde la visión propia y heterogénea de los pueblos indígenas, y a entender otras formas de habitar la ciudad, dada la dualidad y brecha con la vida occidentalizada. Esta revisión documental del bienestar indígena en Medellín nos lleva a concentrarnos en los textos académicos, los documentos de política pública indígena municipal y los documentos sobre las visiones propias del *buen vivir* o del *vivir bien* de los cabildos de la ciudad. Dos de los hallazgos importantes son el establecimiento de un vacío en la comprensión del bienestar indígena en la ciudad, dado el estudio y el análisis segmentado de dicho bienestar, y la presencia de lo colectivo en las visiones indígenas del bienestar.

Palabras clave: indígena, áreas urbanas, colectivo, comunidad, bienestar, desarrollo, buen vivir o vivir bien, Medellín

Abstract: This chapter approaches indigenous well-being from a documentary research, establishing a critical view of this concept based on the production of academic texts, public policy documents and, finally, own texts, i.e. those generally produced by indigenous councils, which contain a collective vision of life. Well-being is a holistic concept that, especially for indigenous people living in cities, and in our case in Medellín, becomes a subject of analysis, interpretation and tension between different indigenous and non-indigenous actors. The tensions include analyses and postulates on the categories of analysis of living conditions, not only between the rural and the urban, but also on the struggle for rights and their effectiveness, and the conception of a good way of life that includes the collective.

Despite the fact that indigenous people choose or are forced to settle or remain in Medellín –often due to historical and structural causes or events that have affected their well-being and their ways of living well– their cultural concepts and ways of life survive and permeate their being and doing in the city. Undoubtedly, analysing their well-being involves more than focusing on a few dimensions. This reflection should lead to the recognition of ways of life from the indigenous people's own heterogeneous vision and to an understanding of other ways of inhabiting the city, given the duality and gap with a westernised lifestyle. Two of the most important findings are: the identification of a gap in the understanding of indigenous well-being in the city, given the segmented study and analysis of this well-being, and the presence of the collective in indigenous visions of well-being.

Keywords: indigenous, urban areas, collective, community, well-being, development, living well or the good living, Medellín

Introducción

Los análisis de los grupos indígenas de la ciudad de Medellín se han concentrado en el abordaje de las condiciones culturales, educativas, interétnicas y de satisfacción de derechos, pero nunca se han abordado estos temas como un todo. Comprender el bienestar como el resultado de múltiples situaciones que inciden en su realización es una tarea que nos proponemos a partir de la comprensión temática de las condiciones de vida de los indígenas de Medellín. Este capítulo se propone comenzar con la elaboración del estado del arte de las condiciones de vida de las comunidades indígenas que viven en la ciudad de Medellín para luego profundizar en los aspectos del buen vivir o del vivir bien.

Abordar las condiciones del bienestar indígena en un contexto urbano es complejo en tanto es necesario tener en cuenta las categorías multinivel que inciden en ese bienestar. En el caso de los indígenas en la ciudad de Medellín, por ejemplo, existe un contexto político en el que se diferencian claramente las condiciones institucionales estatales de aquellas institucionales comunitarias. Asimismo, es importante tener en cuenta las circunstancias en las cuales se accede a los derechos, porque para ellos se puede dar mediante la condición de ciudadanos, pero también de sujetos étnicos. Otro de los elementos a tener en cuenta es el carácter individual por medio del cual se expresa la identidad étnica, pero además la individualidad moldeada por la experiencia; y es que no es posible negar el deseo individual, forjado por la experiencia o trayectoria del sujeto.

En general, la literatura existente sobre el bienestar indígena aborda la cuestión sin escapar a la dualidad que se plantea entre la visión propia del *buen vivir o vivir bien* y la perspectiva occidental-capitalista, que pone de relieve el acceso a bienes y servicios de primera necesidad, como alimentación y salud. Si bien este último abordaje es importante para el estado de la cuestión, es de reconocer que las condiciones especiales de las culturas indígenas hacen necesario una aproximación más compleja, a través de la cual puedan reconocerse las visiones propias sobre las condiciones de vida. Este texto hará una presentación de la literatura existente sobre el bienestar indígena en la ciudad de Medellín, luego desarrollará una visión crítica de algunos de los avances de la política pública municipal sobre el tema, para luego centrarse en los abordajes que los textos propios han desarrollado alrededor del bienestar indígena.

Literatura académica existente sobre las condiciones de vida de los indígenas en Medellín

La literatura académica disponible para el análisis de las condiciones de vida de los indígenas en la ciudad es poca, y sin embargo en ella pueden reconocerse algunas de las causas que se han establecido como estructurales, es decir, referidas a las circunstancias por las cuales los indígenas urbanos habitan y llegan, no solo a Medellín, sino también a otras urbes en Colombia. La pobreza, la exclusión y el racismo pueden observarse como elementos estructurales y estructurantes de la vida de los indígenas urbanos, y en la literatura disponible cobran gran relevancia la conservación cultural y algunas de las transformaciones socioculturales surgidas en el contexto de ciudad (Valencia, 2013; Concejo de Medellín, 2019; Sinigüí, 2009). Podrá notarse que, si bien estos aspectos hacen referencia a algunas de las condiciones del bienestar y de la calidad de vida, en los artículos disponibles no se habla directamente de la interacción entre estos conceptos ni se los aborda a profundidad, dado que no se exponen como mecanismos causales de la pobreza y la desigualdad persistente de los indígenas urbanos (Gallego-Duque, 2014).

En la literatura disponible se encuentra el trabajo realizado por Sinigüí (2009) quien, siendo indígena, intenta responder a la pregunta por la posibilidad de ser indígena en la ciudad de Medellín. En el texto, la autora parte de la experiencia personal, posicionándose como indígena por línea paterna; cuenta que su padre fue uno de los primeros indígenas que llegaron a la ciudad traídos por las Hermanas Lauritas desde el municipio de Frontino, Antioquia, y por lo mismo, ella nació y creció en Medellín. Sus reflexiones sobre la identidad indígena en los contextos urbanos comienzan con la participación de un semillero de investigación en la Universidad de Antioquia y, por medio de él, con el trabajo que se venía adelantando con niños indígenas en la ciudad.

En el texto, la autora reconoce a Medellín como una ciudad que recibe permanentemente poblaciones indígenas que han sido desplazadas y que llegan sin oportunidades ni condiciones de vida digna a un espacio que les es ajeno. En su recorrido, ella caracteriza algunas de las comunidades indígenas presentes en la ciudad y los barrios en los que se encuentran ubicadas. La autora propone la investigación como proceso pedagógico a través de la narración de la experiencia personal dada por la participación en espacios investigativos relacionados con el fortalecimiento cultural en los niños y niñas indígenas de la ciudad (Sinigüí, 2009). Esta propuesta surge de la necesidad expresada por ella de hacer análisis de los grupos étnicos desde diferentes enfoques y perspectivas, de manera que sea posible abrir espacios para el surgimiento y el reconocimiento de las propuestas propias que aboguen por la permanencia cultural y por el respeto de los procesos organizativos que derivan en el fortalecimiento identitario.

También, por medio de estos procesos investigativos que lideró Sinigüí (2009) y de sus resultados, que abarcan el lapso entre 2002 y 2007 y en los que se abordan las reflexiones sobre los orígenes, la identidad y el fortalecimiento cultural, la autora concluye que, a pesar de la pérdida que supone no conservar muchas de las costumbres que marcan su pertenencia cultural, la existencia en los contextos urbanos no relega la experiencia indígena y, en cambio, abre la posibilidad para la búsqueda de mejores condiciones de vida no solo para aquellos que se encuentran en la ciudad, sino también para quienes todavía se encuentran en sus territorios.

De otra parte, Valencia (2013) se interesa por indagar sobre las adaptaciones de los quechuas al contexto urbano de Medellín a través de las transformaciones sociolingüísticas. El propósito del artículo es analizar el valor del patrimonio cultural por medio de la conservación de las lenguas indígenas y, con ellas, los procesos de identidad y las prácticas culturales como la alimentación, el vestuario y la vida familiar. Este artículo, de la misma forma que el anterior, llama la atención por la forma en la que la migración de los indígenas hacia la ciudad se encuentra mediada por el desplazamiento forzado, por la violencia o por las pocas oportunidades laborales y educativas con las que cuenta en sus territorios. En ese mismo sentido, se muestra cómo los indígenas llegan a la ciudad en muchas ocasiones a ocupar los niveles más bajos de la estructura social urbana.

Con esa condición, y por medio de la tradición comercial que los ha caracterizado, los quechuas en Medellín han establecido puntos de venta al aire libre en el espacio público del centro de la ciudad, en los que exhiben la mercancía en unos carros de rodillos; y otros, que han alcanzado mejores condiciones, lograron acceder a locales en pasajes comerciales. La importancia de la lengua para el análisis que propone el autor es que, para ellos, ese es el único elemento que los identifica como indígenas en el contexto urbano, porque otros elementos a través de los cuales se expresa la identidad cultural, como el vestuario, se han visto transformados por las condiciones de la vida en la ciudad (Valencia, 2013).

Este estudio deja en evidencia el poco interés institucional no solo en la conservación de las lenguas indígenas, también en la preservación de las particularidades culturales de los pueblos que habitan la ciudad, al encontrar que no hay ninguna institución interesada en fomentar la conservación de esta lengua (Valencia, 2013). Asimismo, el trabajo muestra las fallas estructurales en términos de la educación étnica en la ciudad y, a través de ellas, el poco interés en la conservación de las lenguas y de las culturas indígenas (Valencia, 2013). Se revela el alcance limitado de las políticas públicas, nacionales y municipales, para la conservación del patrimonio histórico e inmaterial no solo de la ciudad, sino del país.

Uno de los estudios de mayor trascendencia en el ámbito municipal sobre las condiciones de los pueblos indígenas en el contexto urbano de Medellín es el presentado por Zapata Cortés y Agudelo Cano (2014), quienes por medio de su texto "El fracaso de la política pública para la población indígena de Medellín" exponen, no solo la forma en la que estas comunidades han sido tenidas en cuenta por las distintas administraciones locales, sino también alcanzan a hacer un esbozo de las razones por las que estas iniciativas no han logrado tener un impacto duradero en las condiciones de vida de los indígenas en la ciudad.

En este sentido, Zapata y Agudelo (2014) comienzan haciendo una caracterización de los indígenas en Medellín, para abrirle paso al análisis de la relación entre la población indígena y la administración municipal por medio de los planes municipales de desarrollo presentados entre 2001 y 2011. Después abordan la importancia del enfoque étnico en las políticas públicas y los avances en el diseño de la política pública indígena de la ciudad de Medellín, la cual comenzó a finales del año 2008 y se realizó por medio de fases en las que se crearon mesas de trabajo para la priorización de las acciones, una estrategia de articulación y una propuesta presupuestal para la ejecución de los acuerdos.

Entre las dificultades para construir políticas públicas para la población indígena en Medellín entre 2001 y 2011 podemos mencionar la falta de un consenso alrededor de los conceptos "comunidad indígena" e "indígena urbano", sobre los que no se lograron acuerdos, y la presentación de una única política pública para todas las comunidades, porque esa condición hace difícil el reconocimiento de las particularidades y desconoce su autonomía (Zapata y Agudelo, 2014). La debilidad de los compromisos adquiridos por la administración, las tensiones interétnicas, las dificultades para llegar a acuerdos, las tensiones políticas, entre otras, fueron presentadas por el autor como los causales del fracaso de esa iniciativa de política pública para los indígenas en la ciudad (Zapata y Agudelo, 2014).

El análisis del desarrollo de la política pública indígena municipal es posible continuarlo por medio del artículo de Villada y Arias (2019), quienes examinan el proceso político y social alrededor de este hecho. La propuesta analítica cubre el periodo 1998–2019 para observar el desarrollo de esta política pública diferencial, teniendo en cuenta tres de las cinco etapas del ciclo de las política públicas, y mediante una metodología de corte hermenéutico, a través de la cual se abordan no solo los planes, los programas y los proyectos específicos para estas comunidades, sino también los planes de desarrollo municipal, los planes de etnodesarrollo y los planes de vida de la Organización Indígena de Antioquia (OIA), y el Cabildo urbano Chibcariwak.

De otra parte, Villada y Arias (2019) también hacen énfasis en las condiciones de desplazamiento de las comunidades indígenas, específicamente debido a las condiciones de violencia que se viven en los contextos rurales del país. A raíz de esto, se preguntan por las estrategias administrativas de reconocimiento y acompañamiento a estas poblaciones en la ciudad (Villada y Arias, 2019). El análisis inicia con el reconocimiento del Cabildo Chibcariwak y con un recorrido por los planes de desarrollo municipales entre 1998 y 2019, además, la publicación del Plan de vida del Cabildo Chibcariwak y el plan de etnodesarrollo de la OIA. El artículo afirma que en los planes de desarrollo del periodo mencionado se han tenido en cuenta las comunidades indígenas de la ciudad, pero esto no se ha visto reflejado en una mejoría de la calidad de vida de esta población (Villada y Arias, 2019).

El recorrido por la literatura disponible para hacer una aproximación a las condiciones de vida de las comunidades indígenas que se encuentran en la ciudad de Medellín permite reconocer no solo que existen pocos artículos disponibles, sino también que estos hacen un abordaje superficial de dicho asunto, porque no profundizan en las razones por las cuales estas condiciones permanecen. La aceptación poco crítica de condiciones como la llegada provocada por el desplazamiento forzado de estas poblaciones, que termina justificando la poca integración a la vida urbana de la ciudad, revela no solo que siguen siendo tratados como foráneos, sino además que no existe una aceptación real de ellos como parte del contexto urbano.

La política pública indígena municipal

La política pública municipal, basada en los mandatos constitucionales (Constitución Política de Colombia, 1991), reconoce a las comunidades indígenas como sujetos de derechos colectivos al definirlos de la siguiente manera:

> [...] una población étnica en contexto de ciudad, conformada por personas y familias de ascendencia amerindia, agrupadas en comunidades, con conciencia de identidad étnica, territorio de origen y que comparten sus valores culturales e instituciones como son la organización y gobierno propio, cosmovisión, territorialidad, normas y reglamentos tradicionales, justicia ancestral, usos y costumbres en el marco de la diversidad de pueblos indígenas que habitan de manera permanente o transitoria el Municipio. (Concejo de Medellín, 2019, art. 8)

Lo anterior les permite la expresión y la defensa de "pensamientos, sentires, palabras, acciones, saberes y experiencias que constituyen la legitimidad de sus decisiones. Fundamenta la realización del derecho a la participación, la concertación y la consulta previa, libre e informada en los casos que aplique" (Concejo de Medellín, 2019, art. 7).

Esta misma condición de sujeto colectivo de derechos refiere a la importancia del respeto y la protección a la diversidad étnica y cultural del país (Concejo de Medellín, 2019, art. 10) como una forma de garantizar las condiciones de igualdad y de equidad en el goce de los derechos y en la preservación del patrimonio inmaterial nacional. Como una de las principales herramientas de conservación dispuestas por la legislación nacional se encuentra la incorporación de los Planes Integrales de Vida Indígena (PIVI), a través de los cuales las comunidades indígenas estructuran un ejercicio de planeación en el que definen no solo sus perspectivas de futuro, sino que en ellos también establecen las condiciones por medio de las cuales alcanzarán esas metas y la filosofía propia que las sustenta.

En general, las políticas de desarrollo y los programas y proyectos dirigidos hacia las poblaciones indígenas en Medellín han intentado solucionar de manera fragmentaria algunos problemas que afectan su bienestar, sin embargo, las condiciones de pobreza que padece la mayoría de la población indígena son estructurales. La evidencia empírica mostrada en el capítulo 4 de esta publicación, corrobora la incidencia de la pobreza en los indígenas de la ciudad con un 48,5% a partir de la medición del Índice de Pobreza Multidimensional con la lista de las dimensiones de Nussbaum ($IPMN_{Med}$), además, de la gran distancia entre el valor de este indicador con respecto a las personas blancas y las mestizas que, en detrimento de la población indígena de Medellín, es más del doble.

En la revisión de los Planes Integrales de Vida, que son las apuestas de planeación y desarrollo propias de las comunidades indígenas, es muy importante reconocer no solo las propuestas de "afirmación cultural, social, económica y política de los pueblos indígenas y sus comunidades e instrumentos de mediación intercultural para la realización de sus derechos colectivos, especialmente el derecho a definir sus propias prioridades para el vivir bien/buen vivir" (Concejo de Medellín, 2019, art. 8, literal d), sino también darle la importancia al lugar que el sentido de lo comunitario y la territorialidad tienen en el desarrollo de la vida de los indígenas en el contexto urbano.

En la política pública municipal también es posible encontrar el reconocimiento de elementos fundamentales de la condición indígena, como el sentido de lo comunitario (Concejo de Medellín, 2019, art. 2), de la identidad cultural y de la territorialidad (Concejo de Medellín, 2019, art. 7). El reconocimiento legal de estos elementos se da como respuesta a la condición de la preservación de la diversidad cultural y del restablecimiento de las condiciones de vida de las identidades étnicas. En ese mismo sentido, no solo se abre el espacio para el reconocimiento de diferentes maneras de enmarcar la vida propia en el equilibrio y la armonía de todo lo que existe como una unidad interconectada (Concejo de Medellín, 2019, art. 2), también se contemplan las diferentes formas de vida y sus espacios en las condiciones sociales, políticas, culturales, ceremoniales y económicas (Concejo de Medellín, 2019, art. 7). Si bien por medio de las políticas públicas se espera una participación en el ordenamiento territorial de la ciudad que dé cuenta de su diversidad cultural, es importante anotar que esta es una condición que todavía está por ser analizada, aunque los estudios previos sugieren que existe un interés instrumental por incentivar y propiciar su participación.

En ese mismo sentido, la percepción generalizada relacionada con la no pertenencia de estas comunidades a los contextos urbanos continúa incentivando estructuras de exclusión y racismo que profundizan las problemáticas sociales de estas poblaciones. Las oportunidades laborales se ven reducidas, en la mayoría de los casos, al sector informal; los altos índices de analfabetismo en los indígenas, las dificultades para acceder a la etnoeducación y las altas tasas de deserción del sistema educativo refuerzan las condiciones de desigualdad y exclusión.

Un reciente diagnóstico sobre la situación de las poblaciones étnicas y migrantes en Medellín (Personería de Medellín, 2021) señala las principales problemáticas que padece esta población, que agrupamos en dos, una de orden institucional y otra de orden socioeconómico. En esta última se señala que las dificultades son las siguientes: primero, lograr un empleo y el desarrollo de sus propias economías, pues están desfavorecidos para tener un empleo estable, bien remunerado, coherente entre sus hábitos productivos, usos y costumbres; segundo, la situación de calle y mendicidad; tercero, el acceso a la salud y la educación con un enfoque diferencial; cuarto, los problemas de conflictos interétnicos; quinto, la situación habitacional en inquilinatos y albergues municipales; sexto, la situación de niñas, niños y jóvenes que, en algunos casos, están siendo explotados, desprotegidos por falta de atención diferencial y con adicciones; séptimo, la falta de pervivencia cultural en la ciudad; octavo, la necesidad de tejido social y organizacional para las mujeres, así como el fortalecimiento económico y capacitación sobre sus derechos, y por último, las barreras de conocimiento para hacer uso efectivo de programas como el de reparación de víctimas (Personería de Medellín, 2021).

Al detenerse en los problemas de atención en salud y las dificultades de acceso a una alimentación balanceada, es notorio que estos profundizan las condiciones de pobreza en las que se encuentran estas poblaciones en este contexto urbano:

> Sin embargo, todos sus programas sociales y culturales se han visto amenazados en su continuidad y/o existencia, porque están sujetos a la buena voluntad política de quienes ostentan el poder y representación del Municipio de Medellín y municipios del Valle de Aburrá para decir si apoyan o no sus propuestas, a la sensibilidad y simpatías de los funcionarios hacia la causa indígena en la ciudad y al conocimiento o desconocimiento de esta realidad social por parte de algunas

> entidades estatales y funcionarios públicos; entre otros, por la Dirección General de Asuntos Indígenas del Ministerio del Interior. (Cabildo Chibcariwak, 2012, p. 43)

El empobrecimiento, social y cultural, parte de la inexistencia de un territorio que les permita no solo el desarrollo cultural, sino también que les brinde la posibilidad de un desarrollo diferenciado en el que ellos puedan llevar a cabo actividades propias, como la siembra y la cosecha, que les brinde autonomía del sistema occidental de producción y consumo. Esto se suma a la necesidad de adaptar los usos y costumbres a una nueva territorialidad, en la que además deben pelear el espacio para su permanencia; la perspectiva del desarrollo como bien colectivo se ha convertido en una herramienta política de doble filo porque, por un lado, los ha congregado como colectivo alrededor de una idea de bienestar pero, por el otro, el panorama hacia el que se dirigen los esfuerzos de esta idea es individual, no colectivo.

Si bien existen pasos en los diseños de las políticas públicas, en los cuales ahora se proyecta el bienestar como un fin, así como aquellas que proponen acciones en un horizonte del desarrollo sostenible (lo que ha permitido resaltar el sentido de lo humano y la sostenibilidad sobre lo productivo en el sistema capitalista), en ambos casos las ideas de bienestar y desarrollo excluyen condiciones estructurantes de las culturas indígenas, como el sentido comunitario. En las actuales acciones de política pública en la ciudad, puede reconocerse la integración de elementos propios de las culturas indígenas, por medio de elementos como la territorialidad y la justicia propias, pero la operatividad de estos en la realidad de las comunidades indígenas sigue siendo poca, debido a los lentos avances en la implementación y a la incidencia limitada en los espacios de toma de decisiones.

A pesar de los avances en política pública al incluir la proyección del bienestar centrado en lo humano y el desarrollo sostenible, existe en los documentos de política pública la dualidad con la visión imperante de la idea desarrollista basada en los mercados y el crecimiento económico y, más recientemente, con el concepto de las ciudades innovadoras y con componente tecnológico, que dejan de lado tres aspectos fundamentales del bienestar de los indígenas en la ciudad: el desarrollo a partir de la potenciación del ser en consideración con el ser indígena pluriétnico en una ciudad, las prácticas tradicionales y los espacios sagrados y físicos para la sostenibilidad de sus vidas y su pluricultura en los territorios urbanos.

En Colombia, y específicamente en la ciudad, se han logrado avances en el reconocimiento, la representación y la participación política de poblaciones indígenas (ver Tabla 1). Además, puede reconocerse el fortalecimiento de organizaciones como el Cabildo Chibcariwak y la Organización Indígena de Antioquia (OIA), quienes se encargan de representar los intereses de algunas de estas poblaciones en la ciudad. Por otra parte, ellos mismos reconocen: "pero pese a estos adelantos legislativos aún se desconoce desde el Estado central a la población indígena urbana, negándole sistemáticamente el reconocimiento como grupo diferenciado y actor socialmente relevante" (Cabildo Chibcariwak, 2012, p. 19).

Tabla 1. Sobre la pertenencia a cabildos en contexto de ciudad y la participación en reuniones y actividades 2018

	Participación en reuniones y actividades en 2018					
Cabildos	**Siempre**	**Casi siempre**	**Ocasional**	**Casi nunca**	**Nunca**	**Total**
Chibcariwak	17	32	93	24	9	175
Inga	12	13	15	3	0	43
Kichwa	5	12	20	7	3	47
Nutabe	6	20	34	5	0	65
Pastos	5	2	1	1	0	9
Quillasingas Pastos	7	9	9	4	0	29
Tuchin	1	0	0	0	0	1
Universitario	3	15	33	2	0	53
Zenú	0	0	1	0	0	1
Total	56	103	206	46	12	423

Fuente: Línea Base de la política pública para la protección integral de los pueblos ancestrales en Medellín. Cálculos propios.

Es de resaltar que las políticas públicas concebidas desde las visiones propias del *buen vivir* o del *vivir bien* pueden tener puntos en común con los conceptos heterodoxos del bienestar, como el difundido en la teoría de las capacidades, que da una importancia a la revisión de los condicionantes sociales, económicos, culturales, políticos y ambientales que pueden limitar las capacidades individuales y colectivas. Estos aspectos en pro del bienestar como libertad para los pueblos indígenas de la ciudad deben ser revisados y armonizados con la visión propia del bienestar, y hacer parte de las valoraciones de la eficacia de las políticas públicas de bienestar en una ciudad pluriétnica. Es más, se debe partir del reconocimiento de la injusticia sistémica y estructural para dar apertura a espacios urbanos más justos y de bienestar. En tanto, un buen punto de inicio es que las políticas públicas vayan más allá de lo político, es decir, de la organización política y la participación.

Visiones propias: vivir bien o buen vivir

Los estudios sobre pobreza y desigualdad indígena en la ciudad de Medellín, y en este sentido, sobre bienestar, son escasos. La literatura existente aborda elementos desagregados de esas condiciones, como la integración al contexto urbano, los cambios rituales y culturales, la situación socioeconómica y la política, entre otros; y aunque todos ellos mencionan la condición de pobreza de estas poblaciones, ninguno profundiza en sus causas o en las condiciones que la determinan. En ese sentido los textos más importantes y que serán tenidos en cuenta para esta exposición son los *Planes de Vida* elaborados por los cabildos indígenas de la ciudad, porque ellos permiten obtener información no solo sobre la condición actual de las personas que los integran, sino también porque permiten la identificación de las perspectivas de futuro que se han planteado.

> Es importante mencionar que el Plan de Vida se recoge en el enfoque del "Buen Vivir" del que algunos gobiernos en América del Sur y pensadores indígenas e indigenistas han venido promulgando, con la idea de introducir a las concepciones del desarrollo una fuente de inspiración desde las vivencias y concepciones de los pueblos indígenas. (Cabildo Chibcariwak, 2012, p. 13)

Uno de los elementos de mayor relevancia que salen a la luz del análisis de los Planes de Vida es el desarrollo de la idea del *buen vivir* o del *vivir bien* como contrapropuesta a la idea del desarrollo. Estos conceptos surgen del trabajo de incidencia política de los pueblos indígenas latinoamericanos, sobre todo del área andina y específicamente en Bolivia (Caudillo Félix, 2012). Así, el enfoque del *buen vivir* o del *vivir bien* es presentado en los Planes de Vida como la base fundamental de los mismos y como su objetivo principal. Hacia este se encuentra dirigida, en el papel, el horizonte de la política pública y las perspectivas comunitarias de las comunidades indígenas de la ciudad.

> [...] como el goce efectivo de sus derechos colectivos para la vida en plenitud de las comunidades y sus integrantes, en correspondencia con sus cosmovisiones o formas de ver, sentir, percibir y proyectar el mundo y las relaciones interculturales de convivencia pacífica y armoniosa en el contexto de ciudad. (Concejo de Medellín, 2019, art. 3)

Este concepto aparece también como muestra de su autonomía política y como proyección de su autonomía económica. Las organizaciones indígenas de la ciudad adoptan los conceptos y los integran como parte fundamental de su propuesta política porque, primero, asumen la apuesta de posicionar las visiones propias sobre las perspectivas dominantes, y segundo, han comprendido que es por medio de estas aperturas epistémicas que es posible visibilizar su propia visión. El *buen vivir o vivir bien* es una apuesta a la visibilidad de la forma de vida de poblaciones indígenas, la cual es holística, integradora del respeto hacia otras especies, no antropocéntrica y considera la Madre Tierra como algo sagrado que es invaluable, tiene vida, y la cual debe ser cuidada. Esto, en contraste con otras visiones sobre las condiciones de vida y del bienestar, la hace destacable, pues establece grandes diferencias con las consecuencias de otras visiones antropocéntricas y de crecimiento económico, especialmente críticas en tiempos en que la huella del ser humano marca la era del Antropoceno.

Por medio de la adopción de las ideas del *buen vivir o del vivir* bien, las organizaciones indígenas no solo proponen una idea propia de avance social y económico, sino que también establecen las bases de aquello que consideran como bienestar. Las mediciones a través de categorías occidentales, coloniales, se quedan cortas en la descripción de las condiciones del bienestar y la calidad de vida de las poblaciones indígenas, porque las asumen como algo desagregado y fragmentario.

> El enfoque del vivir bien/buen vivir. Este enfoque orienta a la política pública con una visión multidimensional, donde se integran aspectos materiales e inmateriales esenciales para la vida y la convivencia pacífica y armoniosa con la comunidad, la sociedad, la naturaleza, el planeta y el cosmos para el vivir bien/buen vivir. Toda medida que se tome para con los pueblos indígenas y sus comunidades debe considerar el vivir bien/buen vivir como un derecho a sus propias formas de concebir la vida desde la ley de origen, en el marco de las diferentes identidades étnicas, culturales, económicas y sociales presentes en la diversidad de pueblos indígenas en la ciudad. (Concejo de Medellín, 2019, art. 6)

Con esa apropiación, y con su implementación en el contexto local, las comunidades han comenzado a nutrir la amplitud del concepto; en este sentido, ha sido importante cómo las organizaciones han introducido el concepto en discusiones que amplían el sentido crítico y la contraargumentación de las visiones hegemónicas del desarrollo y el bienestar:

> En este sentido se nos dice que: "Vivir bien" es vivir en comunidad, en hermandad y especialmente en complementariedad. Es una vida comunal, armónica y autosuficiente. "Vivir bien" significa complementarnos y compartir sin competir, vivir en armonía entre las personas y la naturaleza. Es la base para la defensa de la naturaleza, de la vida misma y de toda la humanidad. (Cabildo Chibcariwak, 2012, p. 25)

La ampliación de las dimensiones del desarrollo ha permitido también crear una narrativa que se contrapone a la idea occidental de desarrollo, a través de la cual ponen en la escena pública aquellos elementos que para ellos son importantes pero que no son considerados dentro de las condiciones que se miden para determinar el nivel de desarrollo de una población específica. Esta exposición que los grupos indígenas de la ciudad proponen como alternativa se encuentra relacionada con el *vivir bien* como horizonte de vida:

> Como el "vivir bien" va mucho más allá de la sola satisfacción de necesidades y el solo acceso a servicios y bienes, del mismo bienestar basado en la acumulación de bienes, el "vivir bien" no puede ser equiparado con el desarrollo, ya que el desarrollo es inapropiado y altamente peligroso de aplicar en las sociedades indígenas, tal y como es concebido en el "mundo occidental". (Cabildo Chibcariwak, 2012, p. 25)

El correlato no solo se hace respecto a la consideración política del bienestar. El concepto del *buen vivir o del vivir bien* también marca distancia con las concepciones sociales del bienestar, y permite completar y complejizar la visión indígena sobre aquello que se relaciona con este concepto desde sus perspectivas y experiencias de vida:

> "Vivir bien" riñe con el lujo, la opulencia y el derroche; riñe con el consumismo. No trabajar, mentir, robar, someter y explotar al prójimo y atentar contra la naturaleza posiblemente nos permita vivir mejor, pero eso no es "vivir bien", no es una vida armónica entre el hombre y la naturaleza. En nuestras comunidades no queremos que nadie viva mejor, ya que eso es aceptar que unos estén mejor a cambio de que los otros, las mayorías, vivamos mal. (Cabildo Chibcariwak, 2012, p. 25)

La unidad comunitaria es un elemento estructurante del bienestar indígena. La importancia radica en que solo por medio del cuidado del grupo se garantiza la pervivencia de la cultura y su reproducción. Algunas de las condiciones por medio de las cuales se generan las condiciones del cuidado de sí mismo y de los otros en estas comunidades tienen que ver con otros elementos culturales como la salud indígena, el cuidado del entorno y el sistema de justicia propia. La idea de la unidad comunitaria sigue presente en la argumentación conceptual de vivir bien:

> Estar mejor nosotros y ver a otros que están peor no es "vivir bien". Queremos que todos podamos "vivir bien", queremos lograr relaciones armónicas entre todos los pueblos. La identidad está relacionada con el "vivir bien". En el "vivir bien", todos y todo disfrutamos plenamente una vida basada en valores que han resistido por más de 500 años. (Cabildo Chibcariwak, 2012, p. 25)

El reconocimiento de los otros como parte de aquello a lo que pertenezco y la integración de las estructuras definidas culturalmente para mantener el equilibrio, hace parte de esa condición comunitaria por medio de la que exponen sus particularidades culturales:

> La armonía y el equilibrio están relacionados con el "vivir bien", la complementariedad está relacionada con el "vivir bien", el consenso está relacionado con el

> "vivir bien". Al otro lado está la dignidad, la justicia, la libertad y la democracia, o sea la dignidad está relacionada con el vivir mejor, la justicia está relacionada con el vivir mejor, la libertad está relacionada con el vivir mejor, la democracia está relacionada con el vivir mejor. (Cabildo Chibcariwak, 2012, p. 26)

El sentido de lo comunitario también integra la condición del ser humano como parte de un todo, en este sentido conecta lo comunitario no solo con una visión amplia de la vida, también con la conexión territorial, que es otro de los elementos estructurantes del bienestar indígena:

> Todos y todo somos parte de la Madre Tierra y de la vida, de la realidad, todos dependemos de todos, todos nos complementamos. Cada piedra, cada animal, cada flor, cada estrella, cada árbol y su fruto, cada ser humano, somos un solo cuerpo, estamos unidos a todas las otras partes o expresiones de la realidad. (Cabildo Chibcariwak, 2012, p. 26)

Igual de importante a la condición comunitaria es la territorialidad indígena, porque por medio de ella se materializa la cultura de estas comunidades. Esta condición es una de las que requiere mayor adaptación de los grupos indígenas cuando llegan a los contextos urbanos. La pérdida de los espacios rituales, de aquellos que les dan sentido a las prácticas culturales, y la sensación de desarraigo implican que muchos de los esfuerzos políticos de los líderes organizativos sean dirigidos hacia la adquisición de un espacio que puedan considerar propio por medio del cual puedan reconstruir sus prácticas culturales:

> La pérdida de tierras en la población indígena empuja a una pérdida de contacto con la naturaleza y por lo tanto con lo sagrado, con la espiritualidad, que es lo que mantiene unida la entidad cultural. Por lo tanto, tareas importantes por desarrollar en el Cabildo Indígena Chibcariwak se relacionan con disponer de espacios para el reencuentro con la tierra, la naturaleza, la ritualización de sus creencias y vínculos espirituales, la celebración y el regocijo, aun en medio de la ciudad. (Cabildo Chibcariwak, 2012, p. 26)

La integración con el todo hace parte fundamental de la cosmovisión indígena y marca una de las diferencias más dramáticas con relación a la visión predominante en la legislación nacional. En ese mismo sentido, a la luz de las condiciones que las comunidades indígenas reclaman como parte de su bienestar, dicha integración tiene que ver con el reconocimiento y el fortalecimiento de las redes de solidaridad que se establecen, no solo con aquellos indígenas que sin importar si son de la misma etnia ya se encuentran instalados en la ciudad, sino con aquellos que apenas arriban a ella:

> [...] tiene que ver con el acomodo de algunas familias indígenas que hace muy poco tiempo llegaron a la ciudad y sufren hoy limitaciones para su inserción en el mundo laboral y la escolaridad, para la atención en salud, para el tema de

> vivienda, etc., lo cual se agudiza si tenemos presente que gran parte de estas familias a que hacemos referencia tienen además limitaciones con el idioma, toda vez que han salido por primera vez de sus lugares de origen –unas huyendo del conflicto armado que secularmente ha venido sacudiendo al país, otras buscando mejores opciones de vida en los campos laboral y profesional– dejando atrás los nichos ancestrales de su cultura. (Cabildo Quillasingas Pastos, 2014, p. 9)

El bienestar indígena visto desde la perspectiva del buen vivir o del vivir bien tiene como componentes estructurales la comunidad y el territorio, elementos que les permiten la pervivencia de su cultura. Por medio de la comunidad establecen las condiciones de interacción intrínsecas a la cultura y fortalecen los vínculos sociales internos y externos en la condición de la humanidad de esas relaciones. A través del territorio, definen las circunstancias de relación, no solo con el medio físico que puede tener condicionantes rituales, de provisión y de interacción con otras culturas, sino también con el medio cosmológico y cosmogónico que le da sentido al hacer cultural y a las reglas que la rigen.

En esta misma dirección es importante señalar que las visiones sobre las condiciones de *buen vivir o del vivir bien* no son las mismas para todas las comunidades indígenas, pero sí hacen referencia a un propósito en común, que es sentirse en armonía con el todo: "para alcanzar el buen vivir/vivir bien comunitario, bien-estar, plenitud y armonía o el concepto que a bien tenga cada pueblo, organización, cabildo, resguardo para la vida individual y comunitaria" (Cabildo Inga, 2014, p. 9).

Es necesario reconocer que la idea occidental de bienestar tiene unas distancias amplias frente a las concepciones indígenas del *buen vivir o del vivir bien*, que son evidentes sobre todo cuando se trata de entender, a la luz de estos enfoques, el bienestar de poblaciones indígenas que han tenido que adaptarse a los contextos urbanos. Una de las mayores distancias es la incompatibilidad con un sistema que está pensado para individuos, y en consecuencia los instrumentos de medición usados en la política pública muchas veces asumen cálculos de bienestar basados en los individuos, que no incluyen lo colectivo. Queda claro entonces que la idea occidental de bienestar no es la del *buen vivir o del vivir bien*, pues esta última incluye los elementos estructurantes de la visión de la vida que consideran lo colectivo y el todo armónico con la naturaleza.

Los conceptos de bienestar occidental han servido como piezas aisladas o dimensiones a través de las que puede hablarse entonces sobre las políticas públicas, su relación con el Estado y el cumplimiento de los derechos. Pero a su vez resultan superficiales en términos de lograr el objetivo de mejorar las condiciones de vida de las poblaciones indígenas. A pesar de que el *buen vivir o vivir bien* como concepto ha sido integrado a la narrativa de las políticas públicas, todavía no es posible hablar de una incidencia de este enfoque en las condiciones de vida de los indígenas en la ciudad de Medellín. Falta mucho por recorrer para que se den las efectivas condiciones del ser indígena en la ciudad.

Conclusiones

En síntesis, se encuentra una visión fragmentada del bienestar indígena, pues los textos ponen foco de análisis en condiciones específicas que se relacionan con las dimensiones del bienestar, pero no con la comprensión de qué es el bienestar indígena en un sentido amplio, es decir, comprendiendo la interacción de las dimensiones, la relación del bienestar con los fenómenos estructurales causales y el sentido antagónico con la visión occidental (las posturas de mercado y crecimiento económico). Esto denota la dificultad en comprender el bienestar indígena como un fenómeno complejo que encuentra posturas epistemológicas holísticas y armónicas con lo comunitario y la Madre Tierra. La visión fragmentada del bienestar indígena y la incompatibilidad o desarmonía en las posturas se evidencian en los documentos por las tensiones argumentativas existentes entre las ideas que proponen los actores desde su posición académica, social o política.

A modo de conclusión, desde la academia resaltan las posturas que analizan el bienestar indígena considerando condiciones estructurales y causales de las circunstancias por las cuales una o varias generaciones habita Medellín, y cuáles han sido esos efectos y transformaciones, no solo en los grupos indígenas, sino en sus vidas. En este sentido, aspectos como la pobreza intergeneracional, el racismo, la exclusión, la violencia, el desplazamiento, forzado o no, la vulneración de derechos, incluidos los de conservación cultural, lingüística, acceso a etnoeducación, la falta de oportunidades en el mercado laboral, y las pocas oportunidades de participación social y política en entornos urbanos, están presentes en la literatura académica que intenta entender el bienestar de los indígenas en Medellín, es decir, no solo las condiciones de vida en la ciudad, sino, más aún, el hacer y el ser indígena en la ciudad. A pesar de incluir aspectos estructurales causales, la justificación y normalización de dichos aspectos termina justificando la continuación de vulneración de derechos y bienestar en los contextos urbanos, relegándolos del goce de bienestar, inclusión e identidad propia en la ciudad.

Al tomar en consideración los argumentos expuestos en los documentos de política pública, se encuentra que el concepto de bienestar indígena parte de la Constitución Política de Colombia, que reconoce a las comunidades indígenas como sujetos de derechos colectivos. Posteriormente, en Medellín, se intenta reconocer y hacer efectivo este mandato constitucional a partir del Proyecto de Acuerdo 201 de 2019. Estos documentos dotan a las políticas públicas de un marco normativo que intenta ser usado como instrumento para garantizar los derechos de una forma igualitaria y centrada en la filosofía propia de los pueblos indígenas, a través de la incorporación en la legislación nacional de los Planes Integrales de Vida (PIVI). Sin embargo, dicho marco es usado desde la dinámica bienestarista, cuyos esfuerzos se dirigen hacia ámbitos sectoriales de las políticas públicas orientadas al individuo, al intentar solucionar algunas privaciones o problemas de bienestar. Pero esto no está teniendo el efecto deseado en el bienestar en términos de igualdad de oportunidades y de disminución de las formas estructurales que continúan afectando su bienestar en la ciudad, como lo son la exclusión y el racismo, las pocas oportunidades laborales, la informalidad, la dificultad para acceder a la etnoeducación, la falta de seguridad alimentaria y acceso a una nutrición balanceada, lo cual refuerza los mecanismos causales de la desigualdad y la pobreza. A lo anterior se suman las dificultades para incluir y garantizar el sentido de lo comunitario y la importancia de la territorialidad en el desarrollo de la vida de los indígenas urbanos.

Los documentos que incluyen la visión propia del *buen vivir o del vivir bien* y que hacen referencia a la pobreza y la desigualdad indígena son escasos. Con base en los documentos encontrados, podemos concluir que se concentran más en los cambios que vivencian los indígenas al intentar integrarse a las dinámicas de la ciudad, los cuales incluyen sus rituales y cultura, los aspectos socioeconómicos y los políticos, pero, al contrario de los textos académicos, no enfatiza en las situaciones estructurales, como lo son las causas por las cuales llegan a la ciudad.

Los Planes de Vida son los principales documentos con visiones propias. Estos, además de ser instrumentos que los posicionan en un ámbito político de la ciudad, son relevantes porque promulgan su concepción cosmogónica, cultural y filosófica del *buen vivir o vivir bien*. Estos ponen de relieve, primero, la incidencia de los pueblos andinos en la vida política de Latinoamérica, el sentido de lo comunitario, el cuidado hacia otros y hacia el entorno, los derechos colectivos, la territorialidad, la integración del respeto a otras especies y de la Madre Tierra como algo sagrado; segundo, una cosmogonía, o una base epistemológica ancestral, con una visión propia del bienestar, que tiene un sentido mucho más amplio de las posturas occidentales y que está más acorde a los cambios que precisa el horizonte de la vida en la tierra para la era actual.

En síntesis, nuestro análisis sugiere que existen aspectos multinivel del bienestar indígena en Medellín que pueden entenderse desde, primero, lo político con la interacción de lo institucional estatal y lo institucional comunitario, poniendo muchas veces en conflicto lo gubernamental con lo particular caracterizado por las heterogeneidades de lo indígena en la ciudad. Segundo, las dinámicas que se dan en el acceso a los derechos, donde los indígenas asumen roles como ciudadanos, pero también como sujetos étnicos; lo anterior genera tensiones dado que, en su rol de ciudadanos, se da un choque entre lo individual y lo colectivo, y en su rol de sujetos étnicos, nos lleva a deducir que existen condiciones predeterminadas que están dadas por la disposición colectiva de ser indígena en la ciudad y la pertenencia a los cabildos. Finalmente, los desempeños de lo individual, por la identidad étnica, pero también por la experiencia de cada indígena en la ciudad, pues no es posible negar el deseo individual de cada uno, dado por su trasegar como sujeto en la ciudad.

Finalmente, la compresión segmentada de lo indígena en la ciudad, que se da por las posiciones diferenciadas desde la academia, las instituciones políticas y las visiones propias, sugiere que aún falta mucho para el entendimiento holístico de dicho bienestar. Deberían integrarse los aspectos multinivel del bienestar indígena en Medellín, para alcanzar una comprensión más acorde y holística de lo que es ser indígena en la ciudad. Sin embargo, alcanzar dicho holismo es difícil, dada la oposición entre las posturas de los indígenas y/o colectivos indígenas y algunos actores de instancias políticas y académicas, pues interactúan desde una producción del conocimiento que, en muchos casos, es incompatible (por ejemplo, un sitio sagrado vs. un espacio público o bien de mercado; la medicina tradicional vs. la medicina occidental, etcétera). Según estos hallazgos, no sorprenden los cuestionamientos sobre la baja efectividad de programas y políticas públicas en la manera de abordar la situación de los indígenas de la ciudad, dada la incompatibilidad de las visiones occidentales predominantes en las políticas públicas y el *buen vivir o vivir bien.*

Referencias

Cabildo Chibcariwak (2012). *Plan de Vida Cabildo Indígena Chibcariwak. Una minga para la pervivencia de los pueblos indígenas en la ciudad con la voz de la Madre Tierra 2012–2023.* Medellín: Alcaldía de Medellín.

Cabildo Inga (2014). *Plan Integral de Vida Inga 2014–2027. Nukanchipa kaugsaikunata, iuiaikunata mana sakingapa wañungapa. Para que nuestra vida y pensamiento perviva.* Medellín: Alcaldía de Medellín.

Cabildo Quillasingas Pastos (2014). *Plan Integral de Vida de la comunidad indígena que hace parte del cabildo Quillasingas Pastos de la ciudad de Medellín.* Medellín: Alcaldía de Medellín.

Caudillo Félix, G. (2012). El buen vivir: un diálogo intercultural. *Ra Ximha*, *8*(2), 345–364. https://www.redalyc.org/pdf/461/46123366015.pdf

Colombia. República de Colombia (1991). *Constitución Política de Colombia*. Bogotá: Presidencia de la República.

Concejo de Medellín (2019). Proyecto de Acuerdo 201 de 2019 *Por el cual se adopta la política pública para la protección de los derechos de los pueblos indígenas en el municipio de Medellín*. Medellín: Concejo de Medellín.

Gallego-Duque, L. (2014). Mecanismos causales de la educación y la pobreza. Aplicación a los casos de Medellín (Colombia) y Belo Horizonte (Brasil) [Tesis doctoral]. Barcelona: Universidad Autónoma de Barcelona (UAB). https://www.tdx.cat/handle/10803/283647#page=1

Personería de Medellín (2021). *Diagnóstico de la situación de las poblaciones étnicas y migrantes en Medellín. Análisis histórico, teórico, legal y situacional*. Medellín: Alcaldía de Medellín. https://pdf.usaid.gov/pdf_docs/PA00Z36M.pdf

Sinigüí Ramírez, S. Y. (2009). ¿Es posible ser indígena en la ciudad? Sobre estudios indígenas y afrocolombianos. Memoria personal. *Revista Educación y Pedagogía* (49), 199–214. https://revistas.udea.edu.co/index.php/boletin/article/view/15626

Valencia Galvis, R. (2013). Comunidad Quechua en Medellín: lengua, identidad y cultura. *Boletín de Antropología 27*(44), 304–318. https://revistas.udea.edu.co/index.php/boletin/article/view/15626

Villada, A. y Arias, D. (2019). Los retos de la política pública para los pueblos indígenas en Medellín (1998–2019). *Revista de Estudiantes de Ciencia Política, 13*(14), 101–122.

Zapata Cortés, O. y Agudelo Cano, M. (2014). El fracaso de la política pública para la población indígena de Medellín. *Reflexión Política, 16*(32), 128–140. https://www.redalyc.org/articulo.oa?id=11032880011

El bienestar indígena en Medellín y el arraigo-desarraigo: aplicación de los círculos de palabra[1]

Liliana Gallego-Duque[2]
Deisy Yuliana Ríos Castro[3]
Juan Camilo Medina Gutiérrez[4]

Resumen: Este capítulo tiene como propósito mostrar el análisis del bienestar indígena en Medellín a partir de la aplicación del proceso de construcción epistémica de los círculos de palabra. En una primera parte se presenta dicha construcción epistémica y posteriormente nos enfocaremos en los círculos de palabra en la práctica y en cómo, a partir de estos, surgen imaginarios y representaciones en consonancia con discursos producidos y reproducidos, y se da paso a la posibilidad de construir un nuevo conocimiento sobre el bienestar. En este proceso surgen las categorías del arraigo y desarraigo en el eje de lo

[1] Este capítulo es resultado parcial del proyecto de investigación número 2019-27832 "Análisis de la pobreza multidimensional y la persistencia de las desigualdades en los grupos indígenas que habitan Medellín", financiado por el Comité para el Desarrollo de la Investigación –CODI– de la Universidad de Antioquia, Convocatoria 1750 Primer Proyecto Vicerrectoría de Investigación, con Modalidad 1701 Estudiante en formación Maestría. Grupo de Estudios Regionales, Universidad de Antioquia, Medellín.

[2] Profesora asociada de la Universidad de Antioquia, doctora en Economía Aplicada y doctora en Sociología de la Universidad Autónoma de Barcelona. Miembro del Grupo de Estudios Regionales (GER), Departamento de Economía, Facultad de Ciencias Económicas, Universidad de Antioquia. Correo electrónico: lilianam.gallego@udea.edu.co

[3] Magíster en Salud Pública y Socióloga de la Universidad de Antioquia. Correo electrónico: deisy.rios@udea.edu.co

[4] Estudiante de doctorado en el Instituto de Pensamiento y Cultura en América Latina (IPECAL), magíster de la Universidad Andina Simón Bolívar y Sociólogo de la Universidad de Antioquia. Correo electrónico: jcamilo.medina@udea.edu.co

rural y urbano, que ayudan a entender el concepto del bienestar y no solo el de pobreza. El arraigo y desarraigo connota unas experiencias en la forma de vida que se da en el eje urbano-rural de cómo sienten y perciben el bienestar en estos espacios.

Palabras clave: bienestar indígena, vivir bien o buen vivir, pobreza, arraigo-desarraigo, círculos de palabra, Medellín

Abstract: The purpose of this chapter is to present the analysis of indigenous well-being in Medellín based on the application of the process of epistemic construction of talking circles. In the first part, we present the epistemic construction and then focus on the talking circles in practice and how, from them, imaginaries and representations emerge in line with produced and reproduced discourses, giving way to the possibility of constructing a new knowledge about well-being. In this process, the categories of rootedness and uprootedness emerge on the axis of the rural and urban, which help to understand the concept of well-being and not only that of poverty. Rootedness and uprootedness connote experiences in the way of life that occur in the urban-rural axis about how indigenous people feel and perceive well-being in these areas.

Keywords: indigenous well-being, living well or the good living, poverty, rootedness and uprootedness, talking circles, Medellín

El proceso de construcción epistémica de los círculos de palabra

En el marco de la investigación "Análisis de la pobreza multidimensional y la persistencia de las desigualdades en los grupos indígenas que habitan Medellín" se plantearon dos objetivos que requirieron la aplicación epistémica de los círculos de palabra: por un lado, identificar las representaciones que tienen los indígenas urbanos en Medellín sobre el concepto de pobreza y, al mismo tiempo, sobre las dimensiones que consideran importantes para su bienestar, contrastando la visión del bienestar en los territorios rurales y urbanos, y por el otro, develar los mecanismos causales de las desigualdades persistentes en los indígenas en Medellín. La construcción epistémica llevó a que surgieran las narrativas sobre el bienestar en el eje de lo rural y lo urbano, y la emergencia de las categorías de arraigo y desarraigo.

La emergencia de estas construcciones epistémicas se presenta tras un proceso de abstracción que inició con la recopilación de narrativas, ideas, expresiones y sensaciones alrededor de la pobreza. Inicialmente emergieron diálogos, pero, a medida que los participantes profundizaban en la problematización, fueron dando lugar a algunos conceptos ordenadores, y finalmente a la categoría de arraigo y desarraigo como principal hallazgo de la presente investigación. Se considera esta categoría como propia de los indígenas urbanos para dar cuenta de la pobreza y el bienestar.

En tanto el círculo de palabra se planteó con la intención de construir las categorías que dieran cuenta de los imaginarios y representaciones sobre la pobreza, sin olvidar las particularidades contextuales de esta población –que en su mayoría es población migrante– se mantuvo una línea de reflexión constante alrededor de la comparación de las condiciones de vida, los imaginarios y las representaciones de la pobreza (y la riqueza) entre los escenarios urbanos y rurales.

En este sentido, se presentan a continuación los hallazgos de la presente investigación, de manera que reflejen el proceso mismo de abstracción, es decir, partiendo de lo fenoménico a la construcción de las categorías centrales: arraigo y desarraigo. Esta ruta de presentación obedece a un proceso que da cuenta, en primer lugar, de cómo sobre la narrativa que surgió en los círculos de palabra se van dando pistas para la construcción de categorías que, en segundo lugar, se ponen en diálogo con los conceptos de *buen vivir* y *ley de origen* como imaginarios y representaciones de discursos presentes en los indígenas urbanos; y por último, se realiza un tejido entre estas dos visiones para proponer las categorías de arraigo y desarraigo como síntesis de las concepciones sobre el bienestar que surgen de las propias comunidades indígenas en contextos de ciudad.

Los círculos de palabra en la práctica

Los círculos de palabra son la estructuración de un diálogo fluido con un común acuerdo entre los participantes, que permite la construcción de un conocimiento social, reconociendo la relación sujeto-sujeto-mundo vida.[5] Para propiciar este diálogo, se recurre a elementos con significado o símbolos propios de la cultura y que convocan a la persona y a lo comunitario, de ahí que el círculo incluye símbolos como flores, plantas, semillas, aromas, fuego, tejidos y otros elementos que pueden caracterizar el grupo que se reúne para tratar la palabra que les convoca.

La organización de los círculos de palabra no resulta simple, ya que puede estar mediada por los aspectos contextuales del momento, como los lazos entre las instituciones o los intereses particulares de los cabildos. En este sentido, la participación de los individuos y las comunidades indígenas depende

[5] Respecto a la noción de círculos de palabra sugerimos el primer capítulo de la presente publicación, "Círculos de palabra con la población indígena en contexto de ciudad y el *buen vivir* de los indígenas en Medellín"

en gran medida de la aceptación del cabildo y del permiso que este dé para la realización del círculo de palabra, determinando así que este puede ser la consecuencia de acercamientos institucionales o la demanda de acciones por parte de los cabildos. En nuestro caso, el acercamiento institucional que hicimos a través de la Universidad de Antioquia a la Gerencia Étnica de la Alcaldía de Medellín, y la mediación de esta y de investigadores con reconocimiento por parte de las autoridades indígenas, permitieron el desarrollo de los círculos de palabra. El proceso implicó la mediación de las instituciones, el acercamiento a las autoridades de los cabildos indígenas, su permiso, la consolidación de un espacio y de unos elementos de común acuerdo (como por ejemplo facilitar un refrigerio con alimentos de producción indígena) y la realización del círculo de palabra.

Algunas preguntas que hicieron posible abordar los discursos de la población indígena en contexto de ciudad son de hecho bastante sencillas, pero permitieron un retorno sobre sí mismos que obliga a explicitar el contenido de lo dicho: ¿qué es buen vivir?, ¿cómo, dónde, con quién, de qué manera lo aprendiste?, ¿qué es pobreza?, ¿dónde y de quién lo escuchaste por primera vez?, ¿qué entendiste aquella vez y qué entiendes ahora? Igualmente, se formulaban preguntas que llevaban a explicitar la comprensión personal sobre los conceptos más allá de lo definido teóricamente. Este tipo de preguntas generan algún tipo de tensión en los participantes en tanto no permiten asentar las respuestas sobre los lugares comunes que autorizan el saber (académicos, científicos o autoridades tradicionales); en este sentido, interpelaciones y preguntas como "bueno, eso dice el autor [...], o el abuelo mayor [...] por pobreza, pero ¿qué dices tú?", obligan a que se rompan los referentes de lo consabido y se tengan que nombrar desde un ejercicio interpretativo propio –por ende, del cual cada quién debe hacerse cargo– que lleve a renovadas y resignificadas formas de nombrar sus contextos, a sí mismos y sus realidades.

La imposibilidad de nombrar la realidad con los conceptos habituales lleva a que se tengan que generar nuevas formas de nombrar. En este caso, los investigadores cumplieron con la función de problematizar constantemente los conceptos de los participantes de los círculos, con el fin de romper con contenidos naturalizados y adoptados de manera acrítica. En este sentido, surgió una lista de los conceptos en los círculos que organizaban los discursos de los participantes alrededor del bienestar y que, una vez problematizados, empezaron a dar paso a un vacío de conocimiento para nombrar el bienestar, la pobreza y la riqueza. Esto llevó a tener que hacer un esfuerzo por construir categorías propias para nombrar sus realidades. Algunos de los conceptos articuladores, que entraron a ser resignificados, fueron díadas como las siguientes: la comunidad y el equilibrio; lo indígena y el orden; la tranquilidad, la comodidad y lo holístico; los acomodados (como noción para nombrar la riqueza económica o el bienestar material) y la espiritualidad; el buen vivir y la ley de origen y, finalmente, la armonía y lo básico (vivir con lo básico).

En esta construcción de las categorías conceptuales fue necesario profundizar en los conceptos mediante la realización de entrevistas semiestructuradas a actores clave. Con esta metodología pudimos profundizar en las díadas, y en especial en el arraigo-desarraigo como categoría central.

Finalmente, con la problematización de estas redes semánticas, realizamos un análisis del contenido esencial de lo que se quería significar por la pobreza, la riqueza y el bienestar. En este ejercicio de categorización surgió el arraigo y desarraigo como categorías que recogen los significados propios articulados alrededor de la pobreza y que dan bases para analizar la pobreza multidimensional de los indígenas urbanos.

En la Tabla 1 se resume la aplicación de los círculos de palabra y entrevistas que se realizaron en Medellín durante el periodo que siguió inmediatamente después de la pandemia de COVID-19. Es de señalar que una de las dificultades en la práctica fue la debilidad en los lazos institucionales y el miedo aún a compartir espacios, pues los grupos indígenas fueron gravemente afectados por el cierre social y económico, y ello profundizó sus vulnerabilidades y pobreza. A pesar de esto se pudieron realizar cuatro círculos de palabra y tres entrevistas semiestructuradas, con una participación de los ocho cabildos constituidos en Medellín. Los espacios fueron variados, e implicó espacios físicos y virtuales, el primero fue realizado en la Gerencia Étnica de la Alcaldía de Medellín (ver Tabla 1).

El método de recolección de la información es un reto, pues en la mayoría de los casos no se pueden realizar grabaciones fílmicas o de audio, además, se debe estar muy atento a las expresiones, muchas veces coadyuvantes de las interpretaciones, que pueden expresar libertad o constreñimiento. En esta medida, al menos dos investigadores se interrelacionan con el grupo que compone el círculo, pero uno asume un rol más activo y orientador, y el otro el de un observador activo. Ambos estructuran la información *a posteriori* tanto del círculo como de la entrevista, mediante un diario y un diálogo crítico sobre la información obtenida.

Tabla 1. Aplicación de la metodología de los círculos de palabra y entrevistas

Círculo de palabra (C)/ Entrevistas (E)	Elementos característicos del C y E	Lugar	Nominación de C y E	Caracterización de los actores	Tipo (presencial y/o telemática)	Fecha de realización	Duración	Medio de Recolección de información
Gerencia Étnica con participación de los 8 cabildos indígenas en contexto de ciudad	En este círculo se presentó el proyecto, se solicitaron los permisos para convocar a los cabildos de manera autónoma a participar del proyecto y se tejió palabra alrededor de la pobreza indígena en la ciudad.	Gerencia Étnica	C1, 2021	Siete gobernadores y una gobernadora de los cabildos indígenas: Zenú, Wayúu, Embera, Nutabe, Inga, Quillasingas-Pastos, Kichwa y Universitario. Ocho representantes de cada uno de los cabildos. Tres representantes de la Gerencia Étnica de la Alcaldía de Medellín (dos hombres y una mujer).	Presencial	12/06/2021	3 horas	Notas escritas: diario de campo

Círculo de palabra (C)/ Entrevistas (E)	Elementos característicos del C y E	Lugar	Nominación de C y E	Caracterización de los actores	Tipo (presencial y/o telemática)	Fecha de realización	Duración	Medio de Recolección de información
Círculo de palabra con el Cabildo Indígena Universitario de Medellín - CIUM	Se convocó al Cabildo Indígena Universitario a participar del círculo de palabra para tejer alrededor de los imaginarios sobre pobreza indígena, así como de su experiencia en relación con la pobreza en la ciudad.	Virtual	C2-1, 2021	Cinco personas, tres mujeres y dos hombres, incluida la gobernadora del CIUM. Los participantes eran estudiantes de las siguientes carreras de la UdeA y UNAL: traducción de inglés, francés, español, comunicación audiovisual, ciencia política, trabajo social y otro.	Telemática	28/07/2021	1 hora y 30 min	Grabación

(continúa)

Tabla 1. Continúa

Círculo de palabra (C)/ Entrevistas (E)	**Elementos característicos del C y E**	**Lugar**	**Nominación de C y E**	**Caracterización de los actores**	**Tipo (presencial y/o telemática)**	**Fecha de realización**	**Duración**	**Medio de Recolección de información**
Círculo de palabra con el Cabildo Indígena Universitario – CIUM	Se convocó nuevamente al Cabildo Universitario, ya que en el primer encuentro no se alcanzó a finalizar el diálogo, dado que varios participantes debían retirarse antes del espacio.	Virtual	C2-2, 2021	Igual que el C2-1, 2021.	Telemática	4/08/2021	2 horas	Grabación
Círculo de palabra con Cabildo Inga	Se realizó círculo de palabra con la comunidad indígena inga; en este se pudo avanzar respecto a su propia significación de la pobreza.	Sede Social Chagualo	C3, 2021	Treinta representantes del Cabildo Inga, entre ellos la mamá gobernadora.	Presencial	18/09/2021	3 horas	Notas escritas: diario de campo

Círculo de palabra (C)/ Entrevistas (E)	Elementos característicos del C y E	Lugar	Nominación de C y E	Caracterización de los actores	Tipo (presencial y/o telemática)	Fecha de realización	Duración	Medio de Recolección de información
Entrevista a líder Cabildo indígena Embera	Se profundizó sobre las concepciones de los emberas alrededor de la pobreza, estableciendo el paralelo entre estar en la ciudad y en su territorio de origen (rural).	Virtual	E1, 2021	Se realizó entrevista con líder del Cabildo indígena Embera. Hombre.	Telemática	11/11/2021	1 hora	Grabadora de voz
Entrevista a líder Cabildo indígena Universitario (pueblo Pasto)	Se profundizó sobre las concepciones de los pastos alrededor de la pobreza estableciendo el paralelo entre estar en la ciudad y en su territorio de origen (rural).	Universi- dad de Antioquia	E2, 2022	Se realizó entrevista al exgobernador del CIUM. Actor político del Cabildo. Hombre.	Presencial	26/01/2022	1 hora y 30 minutos	Grabadora de voz

(continúa)

Tabla 1. Continúa

Círculo de palabra (C)/ Entrevistas (E)	Elementos característicos del C y E	Lugar	Nominación de C y E	Caracterización de los actores	Tipo (presencial y/o telemática)	Fecha de realización	Duración	Medio de Recolección de información
Entrevista a lideresa Cabildo indígena Universitario (pueblo embera)	En esta entrevista se logró profundizar sobre las concepciones, imaginarios y vivencias de la pobreza en la ciudad desde un lugar de género.	Virtual	E3, 2022	Lideresa del CIUM, estudiante de trabajo social, curandera. Mujer.	Presencial	1/02/2022	1 hora y 30 min	Grabación

Fuente: Elaboración propia (2022).

Es importante mencionar que en uno de los círculos de palabra los acuerdos que la metodología implica (recuperar la memoria y el sentir de lo que hablamos, no contrapuntear, no repetir y no salirse del tejido), y que son preestablecidos, fueron quebrantados por un conflicto de autoridad. En este sentido, se evidenció la desautorización de un hombre, que fue autoridad, sobre la mujer indígena que tiene la potestad de decidir en contexto de Cabildo, pues, a pesar de haber ganado la posición de dirección, se observó que sigue existiendo una imposición jerárquica de lo masculino sobre lo femenino en algunas instituciones indígenas (Tabla 1. C3, 2021). De ahí la importancia de realizar círculos de palabra o metodologías con solo mujeres indígenas, donde ellas no se vean constreñidas por la autoridad de lo masculino, lo cual, si bien hace parte de sus tradiciones, a la vez señala una desigualdad estructural de género en lo indígena. En los círculos con el Cabildo Indígena Universitario de Medellín, CIUM, y en la entrevista a una de sus lideresas se intentó suplir esta necesidad.

Los círculos de palabra en relación con la emergencia de imaginarios y representaciones

Es importante atender tanto a las narrativas cotidianas como a los discursos que tienen su origen en círculos especializados como los del buen vivir y la ley de origen, ya que las dos dimensiones aparecieron con fuerza en la reconstrucción de los campos semánticos que sostenían las interpretaciones sobre el bienestar y la pobreza en los círculos de palabra.

Estos campos semánticos arrojaron una mixtura de conceptos pertenecientes a un lenguaje práctico utilizado en la vida cotidiana por las comunidades, y una introducción de conceptos tomados de las filosofías del buen vivir y la ley de origen, convirtiéndose ambos campos semánticos en las bases que sostuvieron la construcción de las categorías de arraigo y desarraigo.

Es así como, en la aplicación de los círculos de palabra, las representaciones y los imaginarios surgieron y denotaron en los discursos una compleja red de comunicaciones, de la cual, implícitamente, entraron a formar parte diferentes instituciones productoras de discursos (medios de comunicación, círculos intelectuales, editoriales, academia, sistema educativo, entre otros), las cuales se mezclaron, en diálogo y en negociación, con el universo de significados y sentidos de los participantes. La práctica de los círculos constituyó una experiencia en la estructuración de los lenguajes cotidianos de los núcleos humanos receptores y reproductores de los discursos (esto es, de las familias, las comunidades locales y territoriales, las comunidades culturales, entre otros).

En el intersticio del discurso producido y reproducido se generó la posibilidad de construir un nuevo conocimiento, constituido en la frontera que tensiona los lenguajes prácticos y cotidianos cargados de la experiencia, la memoria y la identidad, y los discursos teóricos. Es notorio que sobre estos últimos la mayoría de las veces se hace uso de manera poco reflexiva y acrítica, creyéndose que se tiene claridad sobre lo que se expresa con ellos, pero que, de manera general, por ser tomados de otros contextos históricos, necesitan resignificarse para que puedan dar cuenta de realidades situadas histórica y espacialmente.

La posibilidad de producir una tensión de los conceptos teóricos con la práctica y la vida cotidiana dio paso a la resignificación de estos, e incluso, a la emergencia de categorías propias. En los círculos fue necesario repensar los conceptos que los participantes nombraron a partir de su percepción y experiencia, en confrontación con los conceptos teóricos de los cuales no conocían su origen y su construcción (la cual se da en contextos ajenos). Por ejemplo, el participante decía "es que mi abuelo decía que..." o "en la ley de origen de la comunidad dice...", entonces los investigadores invitaban al participante a explicitar el significado desde su propia construcción y subjetividad.

En otras palabras, dicha tensión genera precisamente la capacidad de resignificación y de producción de nuevas categorías que emergen de las propias realidades. Generalmente las realidades en torno a la pobreza y la desigualdad son complejas, y muchas veces los participantes de los círculos no encuentran la manera de nombrar dichas realidades y en algunos casos acuden a ejemplificar, siendo labor de los investigadores desentrañar los conceptos que subyacen en sus realidades.

Los círculos de palabra y las narrativas sobre el bienestar a partir del eje rural-urbano

Los círculos de palabra y las narrativas sobre el bienestar permiten ampliar la comprensión del bienestar y entender aspectos que son explicativos y causales de la pobreza y de la persistencia de las desigualdades. Como lo menciona Sophie Hickey (2021), hay aspectos históricos y contextuales que a menudo no son incluidos en los estudios cuantitativos sobre el bienestar indígena. Algunas de estas narrativas sobre el bienestar resaltan las dinámicas de la vida en el eje rural-urbano que en algunos análisis cuantitativos e Índices de Pobreza Multidimensional sí se miden. En este sentido, algunos estudios han demostrado que la intensidad de la pobreza de los indígenas en áreas urbanas es mayor que en las rurales (Masron, Masami & Ismail, 2013; Saifullah, Kari & Othman, 2018; Saifullah, 2022), pues su sustento se ve diezmado en contextos urbanos al perder lo que les brindan sus territorios rurales de origen.

En los círculos de palabra llevados a cabo en Medellín, la mayoría de los participantes manifestaron que antes de migrar de sus territorios de origen, generalmente rurales, no se habían cuestionado por la pobreza, si bien se reconocían algunas dificultades –principalmente alrededor del extenuante trabajo físico que demanda la ruralidad– todos manifestaban vivir con "lo suficiente", adicionalmente, el acceso a bienes y el ingreso promedio de sus vecinos o comunidades aledañas era similar, por lo cual no se generaba una sensación de tener una carestía particular en comparación con las demás personas:

> Allá todos compartíamos la misma condición, ninguno se sentía pobre, no era raro tejer, buscar el alimento en el monte, ir a sembrar, no reflexionábamos ¿Por qué comemos lo que comemos aquí? No se notaba como un gran trabajo ir por agua, o tener un conocimiento previo sobre cómo traer el agua desde la quebrada. Nunca reflexioné allá sobre si era pobre. (Tabla 1. C2-2, 2021)

Sin embargo, aunque este tipo de reflexiones fue constante en los círculos de palabra y entrevistas, son igualmente frecuentes las referencias a imaginarios sobre lo urbano y las "oportunidades" que ofrece este entorno. Si bien los participantes exponen frecuentemente las bondades que tiene vivir en sus territorios, en sus narrativas aparece la referencia constante a los vecinos, los amigos o los familiares que, desde sus primeros años de vida les expresaban que la única oportunidad de "salir adelante" era migrando a las ciudades, tal como manifestaba una de las participantes: "se tiene que salir de allí si se quiere estudiar o conseguir un trabajo importante" (Tabla 1. E3, 2022).

El acceso a la educación superior es el principal elemento para migrar a lo urbano entre la juventud indígena. En las personas mayores aparecen diferentes factores, entre ellos el desplazamiento a causa del conflicto armado, la búsqueda de oportunidades económicas y en algunos casos por tradición en sí misma, debido a que sus pueblos han sido de por sí pueblos nómadas históricamente, o pueblos que se han distinguido por moverse por amplios territorios en calidad de comerciantes. Sin embargo, se observó un caso particular de un joven embera que debió abandonar su territorio a causa del conflicto armado, quien manifestaba que de no haber sido por esta condición no se hubiera ido, ya que había logrado estudiar de manera virtual supliendo su necesidad de formación profesional sin salir de su lugar de origen; cuando se le preguntó si consideraba que podía cumplir todas sus necesidades respondió:

> Realmente sí, porque yo en el Chocó ... nosotros criábamos marranos, realmente eran ingresos buenos, porque como uno no paga arriendo, no paga muchas cosas, a uno le quedan esos ingresos netos prácticamente, eran ingresos netos que iban de $2 500.000 a $3 000.000, era un negocio familiar en que nos iba bien, pero todo eso lo tuvimos que dejar tirado. Primero, era la cultura, yo tenía la forma de estudiar virtualmente, nunca había pasado hambre, tenía ciertos lujos, un televisor plano, y de un momento a otro que te quiten todo eso, llegar a aguantar hambre fue muy duro. (Tabla 1. E1, 2021)

En este apartado se puede evidenciar el elemento más importante que aparecía en los participantes de los círculos en el comparativo entre las condiciones de vida en la ruralidad y en lo urbano: la alimentación. La referencia a las ventajas y tranquilidades que brinda la seguridad alimentaria en los territorios fue contundente, una y otra vez se referenciaba la "tranquilidad" que brindaba tener acceso a la tierra, poder sembrar, cazar, tener acceso al agua de los ríos –aun cuando implique trabajo recogerla–, poder tener animales para alimentarse (gallinas, cerdos, vacas, etcétera):

> Lo más difícil en Medellín es el alto costo de vida que tiene la ciudad, allá en la comunidad uno vive con lo básico, eso es algo que yo he conservado mucho, yo aquí vivo con lo básico, con lo que es, lo esencial, no con un alto costo, con cosas que no tienen utilidad; por ejemplo, mi mamá cuando éramos pequeños tenía su chagra, su huerta, su cebolla, sus habas, sus conejos, todo ahí, entonces la vida allá es más tranquila, más cómoda, más fácil en ciertos sentidos. (Tabla 1. C1, 2021)

La cuestión del acceso a la tierra se complementa con un sentimiento de arraigo al territorio, que se evidencia en la manifestación constante de la posibilidad de vivir en armonía con la naturaleza, en un equilibrio entre lo que se toma de ella y lo que se brinda, resaltando las labores comunitarias de reforestación, de cuidado de los animales y de las fuentes hídricas; sin embargo, esta sensación de arraigo se manifiesta más allá de las condiciones medioambientales, ya que abarca el sentimiento de contar con redes de apoyo y con una convicción de pertenecer a una comunidad que reafirma la pertenencia étnica y fortalece los usos y costumbres propias.

El sentimiento de pertenecer a una comunidad es de hecho el factor que se opone a la "ciudad" o al estilo de vida urbano, y no necesariamente los marcadores habituales reconocidos históricamente, como son los modos de producción y la concentración demográfica; así se evidenciaba en algunos de los imaginarios que de lo rural y de lo urbano emergieron durante el trabajo de campo.

Sin embargo, esto no significa que no existan elementos que generen tensión en la relación entre lo individual y lo comunitario, esto es particularmente visible en el caso de las mujeres, para quienes la participación política es un factor atractivo de estar en la ciudad, ya que en sus comunidades de origen reconocen un machismo estructural que no les permite acceder a sus derechos políticos en igualdad de condiciones con los hombres; así, una lideresa indígena sostenía:

> Uno en el territorio se siente opacado porque hay muchos líderes hombres, hay algunas costumbres que dicen que así debe ser, y es entendible, pero el

> sentirme escuchada en la ciudad, para mí fue lo que me abrió camino, sentir que mi palabra sí valía, que lo que decía para mis compañeros era importante, que contaban conmigo, eso como que me hizo sentir más fuerte, y de la ciudad vine más empoderada al territorio, porque jamás vine a ser la misma de antes. (Tabla 1. E3, 2022)

Además de las brechas de género, en algunos territorios existen limitaciones importantes en cuanto a la participación política, principalmente en aquellas regiones en donde diferentes actores armados han hecho presencia histórica; para quienes han sufrido la violencia política, el establecerse en una ciudad no significa necesariamente recuperar la posibilidad de participación política, ya que debido a las situaciones traumáticas experimentadas se mantiene un temor que cohíbe la expresión y la organización en distintos niveles:

> De pronto que yo diga que voy a liderar este proyecto o así no, soy de los que prefieren cooperar, yo lo hago con gusto, pero es que de pronto ya ahorita en este país liderar una cosa de esas sociales en las cuales uno quiera defender ese tipo de derechos es muy peligroso, yo la he pensado para empezar a liderar algo así, porque en este país eso prácticamente da pena de muerte. Por eso me mantengo al margen de todo eso, ahora que uno tiene familia y que depende de mí, me pone a pensar en todo eso. (Tabla 1. C2-1, 2021)

Los anteriores fragmentos resultantes de los círculos de palabra y las entrevistas muestran las transformaciones que experimentan los indígenas al pasar de un modo de vida rural a uno urbano. Se evidencia que existe un anhelo constante de retorno a sus territorios de origen, y si bien los participantes relataban constantemente las ventajas de vivir en territorio, también hacían alusión a las ventajas de vivir en la ciudad, aunque en menor proporción.

La ciudad apareció como una categoría contundente a la hora de definir dónde establecerse, ya que en las narrativas se resalta como el lugar donde encuentran principalmente las oportunidades educativas y laborales. Esto último, a pesar del "caos", el "estrés", la sensación de inseguridad, el temor, el verse enfrentados a las situaciones de discriminación, entre otras. Por lo tanto, en los círculos de palabra y las entrevistas, se evidenció el mayor peso dado a lo educativo y lo laboral en comparación con el bienestar que se podría disfrutar al permanecer en sus comunidades de origen.

Uno de los hechos que más emergió estaba relacionado con la diferencia en la velocidad del ritmo de vida en los territorios rurales frente al vivir en la ciudad: el territorio se referencia como un lugar tranquilo, calmado, donde existe un modo de vida que no altera lo emocional y lo espiritual, por el contrario, la ciudad es retratada como un espacio de constante estrés, temor, inseguridad, y especialmente, discriminación, este último, como un hecho cotidiano, manifestado por la totalidad de los participantes:

> Imagínense que cuando yo llegué, la gente, algunas me jalaban el cabello para ver si era peluca, porque me decían que ese cabello tan liso no podía ser, o ese cabello tan oscurito no podía ser, o ese tipo de comentarios, "sí, yo vengo de Tarazá", "ah, ¿usted es de las indiecitas que piden monedas en el centro?" ese era como el referente, yo dije no, yo toda contenta, vengo a estudiar a la universidad, yo toda animada con mis ilusiones intactas y la gente empezó a bajarme la moral, yo espero que esto no le haya pasado a ninguno de los demás estudiantes que hayan llegado con su maleta llena de ilusiones y de sueños, porque a mí me pasó que me empezaron a bajar la moral, primero, esa discriminación como "usted de dónde es, usted por qué habla así, por qué se ve diferente", no como una curiosidad sana o interesada de aprender, sino más como de apartar. (Tabla 1. C3, 2021)

A modo de síntesis, sobre la pobreza se expresaba una referencia constante a un discurso teórico para leerla; en consecuencia, se analizó que existía un marco de interpretación de la pobreza en un nivel de abstracción, es decir, articulado alrededor de las categorías del *buen vivir* y de la *ley de origen*, esto fue evidente en algunos participantes:

> Bueno, yo la relaciono [la pobreza] como no poder obtener algo que uno quiere, pero necesariamente no tiene que ser del tipo material, sino del tipo de acceso, más bien como una accesibilidad a algo, porque nos hace pobres el no poder por ejemplo, tener más conocimientos, y no solo conocimientos de unas teorías eurocéntricas u occidentales, sino poder conocer más desde nuestra propia historia, también poder encontrar el equilibrio, el no sabernos desenvolver en la ciudad, o no tener quien nos apoye, eso lo relaciono con pobreza, el tener también muchas dificultades para hacer algo, porque a veces también se nos olvida mucho los principios del buen vivir, que nos habla del saber comer bien, el saber pensar, el saber escuchar. (Tabla 1. C1, 2021)

Es importante resaltar que la utilización de estos conceptos se presentó mayoritariamente entre los jóvenes indígenas, los gobernadores y autoridades de los cabildos o líderes comunitarios con alguna preparación universitaria o una formación política previa. Debido a ello, podría decirse que un segundo nivel de complejidad en la interpretación de la pobreza por parte de los indígenas urbanos se daba alrededor de imaginarios y representaciones construidas alrededor del buen vivir y la ley de origen.

Como consecuencia, fue importante detenerse en un segundo momento en la reconstrucción de los significados que otorgaban a esta filosofía y en la reconstrucción de cómo llegó a hacer parte del lenguaje que articula las representaciones sobre el bienestar, haciendo presencia, no solo en el lenguaje oral, sino también en el escrito, ya que se presentaba como marco interpretativo de los principales documentos elaborados por las organizaciones indígenas. Por ello, nos detendremos a continuación en los significados de estos discursos con dos categorías antónimas que surgieron en el estudio: el arraigo y desarraigo.

Comprensión de la pobreza multidimensional de indígenas en la ciudad a través del arraigo y el desarraigo

El desarraigo se comprende como la significación que se le otorga al sentimiento generado tras una experiencia de emigración, que incluye un duelo por el lugar que se abandona y una sensación de malestar por adaptarse al lugar al que se llega (Astaíza, 2021). El desarraigo como categoría de análisis está cargado de emocionalidad y sentido. Esta experiencia puede ser vivenciada por distintos motivos, y el grado de desarraigo experimentado puede intensificarse debido a la naturaleza de la migración, esto fue evidente en los casos en los que las personas tuvieron que emigrar forzosamente de sus territorios de origen (Astaíza, 2021).

Sin embargo, el desarraigo puede ser también una experiencia que va más allá de la simple reubicación en un espacio territorial concreto; puede manifestarse también como una sensación de no pertenencia al lugar en el que la persona se encuentra. Esto permite también abarcar los sentimientos que algunas personas manifestaban de sentir una nostalgia por no poder sentirse vinculados a los territorios y las tradiciones –y por ende a la identidad–. Tales tradiciones configuran un centro de referencia identitaria para las generaciones que migraron en un determinado momento y que ocasionaron un desarraigo identitario desde la primera generación que nació en la ciudad (Astaíza, 2021).

Asimismo, la sensación de desarraigo puede experimentarse también en relación a una vinculación con universos simbólicos, como pueden ser los culturales y espirituales, manifestándose en una sensación de vacío, de no poder acceder a mitos, ritos, tradiciones y de no poder sentirse vinculados al espacio físico a través de estos, por ejemplo, no sentir conexión con seres espirituales asociados a ríos, montañas, animales, plantas, etcétera (Astaíza, 2021).

El desarraigo se caracteriza por ser un estado de incertidumbre, cargado de sentimientos como ansiedad, temor y nostalgia, asociados a una crisis de identidad sociocultural como resultado de abandonar un lugar de origen para insertarse en un nuevo lugar con otros códigos cosmogónicos, y por ende éticos y culturales. Esta sensación se ve agudizada cuando la inserción en el nuevo espacio está atravesada por un conjunto de relaciones de desigualdades persistentes establecidas, como son las que se dan en escenarios que ponen en juego las relaciones interétnicas, en donde una cultura ha sido históricamente dominante y la otra subalterna, como es el caso de la población mestiza en relación con la población indígena respectivamente (Astaíza, 2021).

Entre las diferentes concepciones de pobreza o riqueza, emergieron algunas ideas durante los círculos y las entrevistas semiestructuradas que permitieron iniciar un ejercicio de formulación del eje arraigo y desarraigo como un eje central para significar el bienestar (ver Figura 1). Dos ideas en particular expresadas durante un círculo de la palabra con el Cabildo Inga fueron claves. Durante este encuentro se logró llegar a una particular forma de referirse a la pobreza; cuando se les pidió hacer un esfuerzo de síntesis sobre el concepto, allí expresaron: "nos hace pobres no poder acceder a algo que se quiere –no necesariamente material– por ejemplo, nos hace pobres no poder conocer de nuestra historia, no tener de quién recibir consejo" (Tabla 1. C3, 2021)

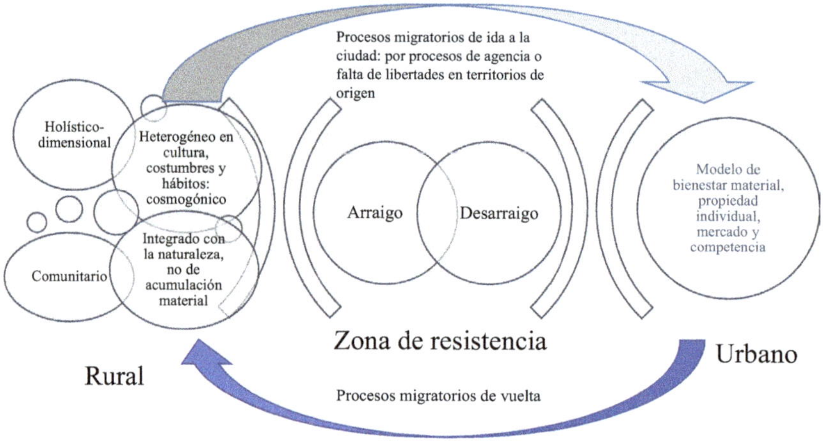

Figura 1. El bienestar indígena en el eje urbano rural y el arraigo-desarraigo

Fuente: Elaboración propia.

La expresión "no tener de quién recibir consejo" se refiere a no poder contar con la orientación espiritual y ética de los ancianos sabedores de la cultura de origen, o en su defecto de personas mayores que cumplen el papel de cuidadores o guías, tales como abuelos, tíos, padre y madre. A su vez, este consejo, en su tradición, se recibe de las plantas sagradas (yagé, tabaco, coca, entre otras), con las cuales se establece comunicación a través de formas epistemológicas propias; así, de esta expresión se recogía un acumulado de sentires en varios niveles, ya que, al no contar con un anciano que transmita los conocimientos, se denota un desarraigo familiar y comunitario, pero a su vez una imposibilidad de vinculación con la tradición cultural y simbólica que viene de generaciones anteriores y que es transmitida por esta figura. Más aún, el no contar con "consejo" significa no saber acceder a la comunicación espiritual con las plantas sagradas y con los espíritus asociados al territorio, de los cuales se recibe este consejo. En una sola frase se recogía el sentimiento de vacío y ausencia de referentes identitarios que brindan una pertenencia.

Las palabras para significar la experiencia de riqueza se referían a términos como la comodidad, lo básico y lo necesario, que, al relacionarse con contextos específicos, se traducían en la oportunidad de acceder a ciertos beneficios que brinda la posibilidad de poseer tierra y de recrear la cultura en un territorio. Así, al tener que especificar lo que se entendía por estos términos, se referían a poder acceder a alimentos directamente de la tierra, cultivados por sus propias familias o comunidades, sin intermediación comercial o únicamente a través del trueque y la solidaridad; así mismo, a la posibilidad de "buscar el alimento en el monte", esto es, a poder cazar animales para proveerse de carne o en su defecto a tener la posibilidad de tener sus propios animales, tales como vacas, cerdos, gallinas, conejos, etcétera; igualmente, se hacía referencia al acceso a los recursos hídricos. Todo ello se asociaba a una situación en donde hay abundancia de comida, redes de intercambio basadas en la solidaridad y una vinculación cultural y espiritual con el territorio en que se habita. Todo lo anterior conlleva una sensación de pertenencia a una comunidad y a una identidad cultural, es esto lo que proponemos entonces nombrar como arraigo.

La palabra arraigo no se refiere entonces únicamente a una vinculación con un territorio físico, ya que su simbolización, que incluye implícitamente la palabra raíz, hace referencia a la vinculación y sujeción –familiar, comunitaria, cultural, espiritual– con otros humanos, animales, plantas y seres del mundo no físico.

Esta sensación de vinculación e interconexión con lo existente a un nivel que va más allá de la acumulación material es, de hecho, lo que se recogía en los principios elementales del buen vivir que se manifiesta en los planes de vida de los cabildos y organizaciones indígenas chibcariwaks (Cabildo Chibcariwak, 2012), quillasingas-pastos (Cabildo Quillasingas Pastos, 2014) e ingas (Cabildo Inga, 2014). Estos principios resaltan la importancia de significar el bienestar alrededor de un enfoque holístico, la centralidad de la vida, la comunión con la naturaleza, la ciclicidad del espacio-tiempo y la espiritualidad.

En contraposición a la concepción de bienestar indígena, que es más holística, está el bienestar concebido como calidad de vida, que implica una comparación en una escala jerárquica. En este sentido, hace referencia a una escala de comparación en donde alguien tiene o carece de unas condiciones que lo ubican en una posición "mejor" o "peor" en referencia a alguien.

Esto último ejemplifica por qué muchas de las personas manifestaron no saber que eran pobres o no haber reflexionado sobre la pobreza hasta el momento en el que salieron de su territorio, ya que en sus comunidades de origen existía un cierto acceso a las mismas posibilidades por parte de sus vecinos y conocidos. En resumen, existe una distancia considerable entre el concepto holístico de bienestar indígena y el de bienestar material y los contextos desiguales, porque estos dos últimos son ajenos a sus experiencias en el territorio de origen.

La sensación de competencia vivida en contextos urbanos, que lleva a la constante comparación y validación, así como el estrés, el caos, el temor, la inseguridad y los actos de discriminación sufridos, refuerzan la sensación de "no pertenecer" a la ciudad. El estilo de vida de la modernidad, precisamente caracterizado por el rompimiento de los vínculos comunitarios, la exaltación de la individualidad y el mérito les refuerza dicha sensación.

Por supuesto, no solo es la sensación de competencia, la ruptura de las redes y de las pautas de la vida comunitaria, sino además la transformación de todas las manifestaciones de la vida en mercancía y propiedad individualizada, incluyendo allí a la naturaleza. Es en este escenario donde precisamente pueden explicarse ciertas actividades que se configuran como actos de resistencia en lo urbano frente a este modelo, como una forma de reivindicación, reafirmación y recreación de sus cosmovisiones propias, tales como los grupos culturales de danza, los tejidos, los relatos, las redes organizativas de estudiantes indígenas, la conformación de cabildos y la celebración de rituales que mantienen viva la vinculación con sus cosmogonías, tal y como se evidencia en el siguiente relato:

> Aquí en la ciudad uno identifica que la ciudad avanza mucho, va muy acelerada, afanada, muchos jóvenes que llegan aquí empiezan a acoplarse al sistema acá, y empiezan a olvidarse lo que es la comunidad de origen, como venía desde mi comunidad en un trabajo con jóvenes de Cumbal, entonces, venía realizando un proceso con jóvenes de allá, y quise como replicarlo aquí en la ciudad, desde el primer momento en que llegué empecé a hacer parte de la organización indígena universitaria de los pastos, empezamos a participar y ellos venían pensándose un Cabildo universitario de los estudiantes de los pastos, allí yo me acerqué a los jóvenes y empezamos el grupo de danza andina "Pasos que dejan huella", empezamos a encontrarnos a través de la danza, la idea del cabildo cayó en el olvido, pero la danza ha permanecido, y ha sido reconocido en diferentes partes donde ha estado. (Tabla 1. E2, 2022)

Igualmente, se realizan procesos de resignificación del territorio urbano, con miras a generar arraigo espiritual:

> Estar allá es estar en la cotidianidad, allá nosotros somos muy cercanos al río, a la montaña, muy cercanos a los sitios sagrados que existen y que son de mucho respeto, es muy difícil que en territorio se pudiera ver un río contaminado [...], aquí en la ciudad uno encuentra un choque, uno pasa por el río Medellín y no tiene condiciones para estar ahí, a diferencia de lo que uno encuentra en territorios, aquí sí nos esclaviza un poco el tema del cemento, aun así tenemos sitios aquí como el volador, donde hacemos el Inti Raymi, se hace esta ofrenda a la tierra, y lo conmemoramos allá y aquí, aquí es lo que hay. (Tabla 1. E2, 2022)

El eje arraigo-desarraigo permite reconstruir una escala de posibilidades de bienestar que se basan en el concepto del "vínculo", que van de lo individual a lo colectivo (lo cual incluye también a lo no humano, la naturaleza), y en las cuales se pueden ubicar diferentes dimensiones (económicas, sociales, políticas, espirituales, culturales). Este eje puede medirse en unos indicadores ascendentes o descendentes con base en las categorías de arraigo y desarraigo, de las cuales la primera expresa una mayor cantidad de vinculaciones en diferentes niveles (familiar, comunitario, territorial, cosmogónico) que podrían traducirse en el acceso a bienes materiales o no materiales de diferente índole y capacidades –alimentación, acceso a tierra para sembrar, agua potable, oportunidades de formación educativa y laboral en correspondencia con la cultura, entre otros–, y la segunda hace referencia a la no posibilidad de vinculación, que se traduce en el sentimiento de carestía y falta de bienestar, bien sea referida a objetos concretos o a bienes inmateriales o simbólicos.

Conclusiones

A modo de síntesis, la construcción epistémica a partir de los círculos de palabra requiere un proceso de, primero, recopilación de información no solo de las narrativas, sino, además, de todo lo que se expresa; continuando con la abstracción y, finalmente, la concreción de conceptos que, en nuestro caso, dio lugar a la díada arraigo y desarraigo. En algunos casos, los círculos fueron fluidos, en otros, se necesitó establecer una orientación para alcanzar la profundidad en la palabra o concepto, pues la información preconcebida que queda en la memoria, como los discursos y las imágenes ajenas, irrumpen en la conexión con el propio sentido que el participante le da a dicha conceptualización. En nuestro caso, los círculos de palabra requirieron el apoyo de otras metodologías, como las entrevistas semiestructuradas, para dotar de comprensión a aquellos aspectos y conceptos que surgieron en los círculos de palabra, estos son una importante herramienta del conocimiento que tiene origen indígena, pues a través de la palabra y el centro ritual se evoca a la ancestralidad y la cosmogonía y, dado que es su propia forma de crear y difundir conocimiento, no choca con su cultura.

Como resultados de esta investigación, se logra concretar que las representaciones que tienen los indígenas sobre los conceptos de pobreza y desigualdad, o en su defecto del bienestar, están asociados a su visión de bienestar en el territorio de origen en contraposición al de la ciudad. Díadas como la comunidad y el equilibrio, lo indígena y el orden, los acomodados y la espiritualidad, la ley de origen y el buen vivir, etcétera, se convirtieron en elementos estructuradores de dichos conceptos. Sin embargo, el ejercicio denotó que la díada del arraigo y el desarraigo fue la categoría estructurante y transversal en los diferentes círculos de palabra y que permitió enlazar con aspectos de la comunidad y el territorio, asociados a las díadas expuestas en los círculos que se llevaron a cabo.

A propósito del territorio pueden distinguirse las connotaciones referidas al territorio de origen y la ciudad. Sobre el primero hay una referencia muy positiva en las narrativas, pues se reveló una serie de características que implican la oportunidad de vivir con bienestar, armonía y en comunidad, lo cual fue descrito en algunos casos acorde con la igualdad de oportunidades y lejos de la mercantilización. En cambio, la ciudad fue cargada de unos imaginarios que no solo implicaron el choque entre lo esperado y lo vivido, sino además, la memoria del imaginario colectivo sobre el progreso o la idea de salir adelante que, según estos, se da en la ciudad. De esta manera, se revelaron causales para migrar, que van desde las orientadas por la libertad, como la búsqueda de oportunidades económicas, de derechos como la educación, el trabajo y la participación política para mujeres, y las tradiciones nómadas. Opuestas a estas causales están las dadas por los desplazamientos forzados, que conllevan que les sean negados todos los derechos a vivir en el territorio de origen, y los obligan a vivir en la ciudad u otros territorios que les causa un desarraigo no intencional.

A los indígenas los hace más pobres la ciudad, pues en este territorio, primero, se ve marcado el afán y la necesidad de poseer bienes materiales, y, segundo, sufren el desarraigo de su identidad como indígenas, asociado a la pérdida o falta de conexión con la Madre Tierra, el territorio de origen, la comunidad y sus prácticas o tradiciones. Para los indígenas que habitan la ciudad, la pobreza también es inmaterial y social, pues les supone no conocer su propia historia, no recibir un consejo, no contar con la orientación, transmisión espiritual y ética de los ancianos sabedores, que en sus culturas se da a través de las plantas sagradas, y perder el vínculo con las generaciones anteriores, todo lo cual los hace pobres. Pero, más aún, en su experiencia en la ciudad, no contar con un territorio donde realizar sus prácticas económicas, sociales, políticas y culturales los deja en una situación de desarraigo, pues les limita la posibilidad de poner en práctica los principios elementales del bien vivir que se manifiestan en los planes de vida.

El sentido de competencia, en contraposición a la vida comunitaria, les genera la sensación de no pertenecer a la ciudad, pues se ven sometidos a una serie de sentimientos negativos, además de la comparación y la necesidad de validación. La limitación de la vida comunitaria, al territorio y a sus prácticas, les limita el acceso a los alimentos y en general a los bienes básicos. En la ciudad, estos, además de muchos otros, son objeto de mercantilización. Por ende, los indígenas pasan de tener una seguridad alimentaria en sus territorios de origen a una inseguridad en la ciudad y la pérdida de una vida en armonía con la Madre Tierra.

Referencias

Astaíza Vergara, S. (2021). *Violencia, migración, desarraigo y salud. Perfil epidemiológico crítico de indígenas Wounaan en la ciudad de Bogotá* [Tesis de Maestría]. Bogotá: Universidad Nacional de Colombia.

Cabildo Chibcariwak (2012). *Plan de Vida Cabildo Indígena Chibcariwak. Una minga para la pervivencia de los pueblos indígenas en la ciudad con la voz de la Madre Tierra 2012–2023.* Medellín: Alcaldía de Medellín.

Cabildo Inga (2014). *Plan Integral de Vida Inga 2014–2027. Nukanchipa kaugsaikunata, iuiaikunata mana sakingapa wañungapa. Para que nuestra vida y pensamiento perviva.* Medellín: Alcaldía de Medellín.

Cabildo Quillasingas Pastos (2014). *Plan Integral de Vida de la comunidad indígena que hace parte del cabildo Quillasingas Pastos de la ciudad de Medellín.* Medellín: Alcaldía de Medellín.

Hickey, S. (2021). Talking Back to the Research: Indigenous Wellbeing and Resilience Narratives from Urban Australia. *Journal of Human Development and Capabilities, 22*(3), 423–445.

Masron, T., Masami, F. & Ismail, N. (2013). Orang Asli in Peninsular Malaysia: population, spatial distribution and socio-economic condition. *Journal of Ritsumeikan Social Sciences and Humanities* (6), 75–115.

Saifullah, M. (2022). Well-being index of indigenous people of Peninsular Malaysia: an application of the multidimensional poverty index (MPI). *AlterNative, 18*(3), 424–435.

Saifullah, M., Kari, F. & Othman, A. (2018). Poverty among the small plantation holders: indigenous communities in Peninsular Malaysia. *International Journal of Social Economics, 45*(2), 230–245.

Pobreza indígena en Medellín: entre el *buen vivir*, la lista de capacidades de Nussbaum y el Índice de Pobreza Multidimensional[1]

Liliana Gallego-Duque[2]

Resumen: El presente capítulo profundiza en la pobreza indígena en Medellín. En este análisis se evidencia la conexión entre la pobreza y las desigualdades desde la realidad vivida por los pueblos indígenas en su transición de lo rural a lo urbano, y sus motivaciones para habitar la ciudad, tales como la búsqueda de oportunidades en otro entorno, ahora el de la ciudad, o la pérdida de libertades en su territorio de origen. Algunas de estas se convierten en reflejo de las desigualdades persistentes para los indígenas que llegan a la ciudad. Para esto se hace urgente un debate participativo en torno al buen vivir, las capacidades y a la pobreza multidimensional, visibilizando las cosmogonías de los indígenas urbanos de Medellín. Esta investigación se basará en los enfoques del buen vivir, las capacidades y el estructural que ha sido planteado por la CLACSO y CEPAL para América Latina y el Caribe, y las metodologías de línea de corte dual para la medición de la pobreza y mecanismos causales de las desigualdades persistentes.

[1] Este capítulo es resultado parcial del proyecto de investigación número 2019-27832 "Análisis de la pobreza multidimensional y la persistencia de las desigualdades en los grupos indígenas que habitan Medellín", financiado por el Comité para el Desarrollo de la Investigación –CODI– de la Universidad de Antioquia, Convocatoria 1750 Primer Proyecto Vicerrectoría de Investigación, con Modalidad 1701 Estudiantes en formación Maestría. Grupo de Estudios Regionales.

[2] Profesora asociada de la Universidad de Antioquia, doctora en Economía Aplicada y doctora en Sociología de la Universidad Autónoma de Barcelona y Economista de la Universidad de Antioquia. Miembro del Grupo de Estudios Regionales (GER), Departamento de Economía, Facultad de Ciencias Económicas, Universidad de Antioquia. Correo electrónico: lilianam.gallego@udea.edu.co

Palabras clave: pobreza multidimensional, desigualdad persistente, pueblos indígenas, agenda y políticas públicas étnicas diferenciales

Abstract: This chapter examines indigenous poverty in Medellín. The analysis shows the link between poverty and inequalities from the reality experienced by indigenous people in their transition from rural to urban areas and their motivations for living in the city, such as the search for opportunities but also the loss of freedoms in their territory of origin. Some of these motivations turn into a reflection of the persistent inequalities faced by indigenous people arriving in the city. For this reason, there is urgent need for a participatory debate on good living, capacities and multidimensional poverty, making visible the cosmogonies of the urban indigenous people of Medellín. This research is based on the approaches towards good living, capabilities and the structural that have been proposed by CLACSO and ECLAC for Latin America and the Caribbean, as well as the methodologies of the dual cut-off lines for measuring poverty and the causal mechanisms of persistent inequalities.

Keywords: multidimensional poverty, durable inequality, indigenous communities, differentiated ethnic public policy and agenda

Introducción[3]

En América Latina es una realidad la presencia, cada vez mayor, de indígenas en las ciudades. Estos territorios, ahora urbanos, han sido incluso cuna de ancestros (como el caso de Medellín), sin embargo, su presencia en la actualidad está asociada con injusticias y desigualdades persistentes desde su territorio de origen, a las que se aúnan, en el nuevo territorio urbano, otras fuentes causales de marginación, precariedad, estereotipos, segregación socioespacial, y una política pública y social limitada (con un tímido enfoque diferencial en algunos sectores y una restringida agencia indígena). Así, la procura de un nuevo territorio y espacio de vida para su bienestar está atravesada por más injusticias y mecanismos causales de pobreza multidimensional y desigualdades persistentes.

En Colombia, el aumento de población indígena en las ciudades no ha tenido como correlato la concreción de políticas públicas con un efectivo enfoque diferencial, que garanticen las condiciones de vida digna a estos grupos ancestrales del territorio nacional. Las normativas y los diferentes entes gubernamentales han avanzado en términos normativos, pero esto no

[3] Este capítulo partió de los resultados obtenidos en los anteriores capítulos y se enfocó en determinar los retos para la aproximación a la pobreza indígena en Medellín, considerando los datos de la Encuesta de Calidad de Vida, las mediciones existentes, las dimensiones de bienestar y los índices de pobreza globalizados.

significa la concreción en la implementación, la eficacia en los resultados, la participación colectiva e individual de los pueblos indígenas y la creación de instrumentos de análisis que permitan medir los resultados e impacto de políticas públicas de bienestar, incluidas aquellas que tienen enfoque diferencial.

El objetivo de este capítulo es profundizar en los retos que plantea la aproximación al bienestar indígena de Medellín. Para esto se parte de la exploración de los estudios de la desigualdad y la pobreza indígena en la ciudad; luego se realiza una aplicación con los datos disponibles de bienestar que permiten la comparación entre la población por grupos étnicos o de color de la ciudad; para esto se retoma el índice planteado por Gallego-Duque (2015) para Medellín, que sigue la metodología de Alkire y Foster (2007; 2009), con el cual se pretende plantear la discusión de las bases del bienestar de las capacidades como marco teórico para el análisis de bienestar de los pueblos indígenas, pero a su vez, mostrar las limitaciones de los datos que no son el reflejo de lo diferencial, aunque permiten observar desigualdades occidentalizadas establecidas. Una de las principales conclusiones es que los índices deben incluir un agregado que permita ver las diferencias de la pobreza entre grupos indígenas y no indígenas, aunque en este subyazca la visión occidentalizada, y otro agregado étnico diferencial.

El capítulo presenta los siguientes apartados: en el marco teórico se incluyen los estudios de desigualdad y pobreza indígena en Medellín, las dimensiones de bienestar y la pobreza y la desigualdad indígena. Luego se presenta la metodología, la aplicación empírica, y se finaliza con las discusiones y las conclusiones.

Estudios de desigualdad y pobreza indígena en Medellín

Los estudios sobre pobreza y desigualdad indígena en la ciudad de Medellín, y en ese sentido sobre bienestar, son escasos; la literatura existente aborda elementos desagregados de esas condiciones como la integración al contexto urbano, los cambios rituales y culturales, la situación socioeconómica y política, entre otros. En ese sentido los textos más importantes y que serán tenidos en cuenta para el contraste con el Índice de Pobreza Multidimensional planteado en esta investigación son los Planes de Vida elaborados por los cabildos indígenas de la ciudad, pues estos permiten obtener información, no solo sobre la condición actual de las personas que los integran, sino también porque permite la identificación de las perspectivas de futuro que se han planteado.

Uno de los elementos de mayor relevancia que salen a la luz del análisis de los Planes de Vida es el desarrollo de la idea del *buen vivir* y del *vivir bien* como contrapropuesta a la idea imperante del desarrollo, perteneciente a la ortodoxia económica y política, la cual pone el foco en fines materiales, alejados de los fines sobre la vida humana, el cuidado de otras especies y del planeta. Llama la atención que existe un encuentro epistemológico entre las propuestas de los pueblos indígenas con los postulados heterodoxos de la teoría de las capacidades, pues esta pone el foco en el ser humano como fin y en el cuidado de otras especies, concibiendo además la diversidad de las personas.

Los conceptos del *buen vivir* y del *vivir bien* surgen del trabajo de incidencia política de los pueblos indígenas latinoamericanos, sobre todo del área andina y específicamente en Bolivia (Caudillo Félix, 2012), como muestra de su autonomía política y como proyección de su autonomía económica. Considerando la importancia que esto tiene en la ciudad, las organizaciones indígenas de Medellín adoptan los conceptos y los integran como parte fundamental de su propuesta política.

Por medio de la adopción de las ideas del *buen vivir* y del *vivir bien*, las organizaciones indígenas no solo proponen una idea propia de avance social y económico, sino que también establecen las bases de aquello que consideran como bienestar.

Este capítulo, si bien parte de las metodologías globalizadas para el cálculo de la pobreza multidimensional, retoma dos estudios aplicados a la ciudad. El primero corresponde al cálculo de un Índice de Pobreza Multidimensional para Medellín, que permitió la desagregación del índice por grupo étnico (Gallego-Duque, 2014), y, el segundo, a un análisis que retomó este trabajo previo y que puso el foco en la población indígena, pues Gallego-Duque y Muñetón (2018) retomaron dicho cálculo para profundizar en la situación de la población indígena que habita la ciudad. Para esto se tuvieron en cuenta las dimensiones valoradas por los grupos indígenas y que están explícitas en los planes de tres cabildos: el Chibcariwak, el Quillasingas Pastos y el cabildo Inga. En este análisis se encontró que algunas son dimensiones perdidas, pues no es posible dar cuenta de ellas con las bases de datos oficiales.

A continuación se plantea la discusión de las dimensiones del bienestar indígena y sus antagónicos urbanos, es decir, las privaciones que dan paso a la pobreza. Esto ayuda a develar la importancia de la medición de la pobreza multidimensional de los indígenas urbanos en un marco que compagina los conceptos del *buen vivir* y *vivir bien* con el de las capacidades.

Dimensiones de bienestar indígena y sus antagónicos urbanos: la pobreza y la desigualdad indígena

Es urgente plantear un debate participativo en torno a las capacidades y a la pobreza multidimensional de los indígenas urbanos que visibilice las cosmogonías de los indígenas que habitan en Medellín, dado que existen diferencias entre las personas, de las cuales algunas atienden a la identidad étnica y a su transformación en la transición de lo rural a lo urbano, o incluso a las nuevas valoraciones sobre el ser y el hacer a partir de lo urbano.

El estudio de la pobreza nos permite profundizar en estas valoraciones, ya que las limitaciones para lograr las oportunidades reales, que se reflejan en algunos casos en las privaciones para desarrollar el tipo de vida que las personas valoran (Sen 1992, 1997, 1999, 2009), toman forma en la diferencia de vida llevada a cabo en los territorios rural y urbano. Para los indígenas, la pobreza toma sentido en lo urbano, donde se ven limitados en sus formas de vida y hábitos, donde lo simbólico y lo material de las formas de vida occidentalizadas en las que se ven inmersos adquiere dimensiones en su vida. En lo urbano la Madre Tierra es despojada de su capacidad para producir vida; y por ende la subsistencia de los pueblos indígenas en lo urbano se limita y toma connotaciones institucionales y de mercado. De ahí que los indígenas se perciben como pobres en las dinámicas de ciudad.

Las valoraciones del ser, sin embargo, trascienden lo rural y lo urbano; por ejemplo, la medicina ancestral puede ser un objeto de valor en la vida de los indígenas y su conocimiento ancestral toma sentido ante la escasez en lo urbano, incluso esta misma puede manifestar una importancia relativamente mayor en el contexto urbano. No tener acceso a sembrar y a tener las plantas medicinales es una falta de dotación limitadora de funcionamientos, a saber, de niveles y estados de salud, y por ende de la libertad para estar bien con su conocimiento ancestral.

La diversidad de pueblos indígenas, y más aún, las diferencias propias de cada persona, llevan a una gama amplia y diferenciada de unas elecciones de lo que las personas valoran, lo que puede estar asociado con la identidad. Pero identificar las valoraciones que cada persona hace sobre los bienes y servicios, y las formas de vida que implican los espacios privados y colectivos, solo es posible si se crean escenarios para que se realicen ejercicios de deliberación pública. Esto último está ligado a la política pública participativa, pues hace referencia a la toma de decisiones por parte de los individuos en los espacios colectivos y públicos sobre lo que las personas quieren para sus vidas, lo cual implica un ejercicio de valoración de lo propio en conjunción con lo público. Sin olvidar que en lo indígena, la organización colectiva identitaria, como la ejercida en los cabildos, puede orientarse a la representación de los indígenas que los conforman en la política pública local.

La teoría de las capacidades tiene cuatro discusiones normativas que son determinantes para generar instrumentos de medición o índices de bienestar incluyentes. La primera es sobre la determinación de las dimensiones de bienestar; al respecto, Nussbaum (2000) argumenta como fundamental tener una lista para emprender investigaciones de pobreza desde el enfoque de capacidades, por tanto propone diez capacidades básicas, entre las que se encuentra la vida, pero también el control del propio entorno político y social (Nussbaum, 2000).

La segunda es de tipo estructural-causal, al no incluir el enfoque de las capacidades, las relaciones de explotación (Espina, 2008; Tilly, 1998), el acaparamiento de oportunidades, la emulación y adaptación (Tilly, 1998), y de interacción de mecanismos de desigualdades (Gallego-Duque, 2015), pues estas son fundamentales para entender las dinámicas del bienestar en el tiempo o, en su defecto, de la desigualdad y los resultados de pobreza. Sin olvidar la cadena causal básica del enfoque de las capacidades: dotaciones, funcionamientos y capacidades.

La tercera es que hay dimensiones que se asocian a la pérdida de bienestar, pero tienen bajas probabilidades de ser incluidas en las mediciones del Índice de Pobreza Multidimensional, dada la dificultad para tener datos insumo para la construcción de los índices o para hacer que estos sean comparables (Alkire, 2007), entre estos podemos encontrar: la inseguridad y la violencia (Diprose, 2007), la falta de posibilidades de vivir sin vergüenza (Zavaleta, 2007), el empleo precario (Lugo, 2007), la falta de empoderamiento (Ibrahim y Alkire, 2007), las afectaciones psicológicas y su relación con el bienestar subjetivo (Samman, 2007), las discapacidades (Kuklys, 2005), e incluso, la baja calidad educativa (Walker y Unterhalter, 2007). Sin lugar a duda, algunas de estas dimensiones explicarían mejor los problemas de bienestar que se presentan, no solo en macrorregiones, sino además en entornos locales como Medellín.

La cuarta discusión normativa es sobre la inclusión del enfoque diferencial, la cual se ve limitada por la falta de profundidad en los ejercicios deliberativos públicos, pues estos no pasan de ser representativos a incluyentes, debido en parte a factores como las estructuras de poder y juegos de poder de los actores en el ruedo de lo político, y las estructuras institucionales que desplazan lo étnico a una escala con menor incidencia en las políticas públicas de la ciudad.

Los anteriores aspectos plantean además retos metodológicos considerables: el primero hace referencia a los problemas que implica la delimitación misma de las dimensiones a considerar, pues estas deben ser incluyentes y con una importancia universal. De otra parte, surge la dificultad metodológica de la adaptación de los indicadores dimensionales al bienestar relativo en un contexto específico; por ejemplo, una casa de materiales naturales en una comunidad indígena rural puede ser reflejo de su costumbre y cultura, e incluso su forma de *buen vivir* y *vivir bien*, pero en un ámbito urbano esta construcción adquiere connotaciones de pobreza. Y finalmente, las encuestas de bienestar o calidad de vida tienen un sesgo occidental del bienestar en el planteamiento de las preguntas, variables y recolección de información y, al ser ejercicios muestrales, no capturan las diferencias con y entre las minorías étnicas.

En cuanto al Índice de Pobreza Multidimensional (IPM) global y su desagregación, Alkire y Kovesdi (2020) argumentan que este permite realizar comparaciones de distribución de la pobreza según grupos étnicos, y de esta manera mostrar disparidades incluso entre etnias a nivel transnacional. Los resultados de Gallego-Duque (2014 y 2015) corroboran este argumento con los análisis y mediciones realizados para Medellín, Colombia y Belo Horizonte, Brasil, al estar desagregados por grupos indígenas y étnicos raciales, pues encuentra que tienen un nivel de pobreza mucho mayor que el resto y una descomposición por indicadores diferente. Según Alkire y Kovesdi (2020) lo anterior debería llevar a respuestas de política pública específica por grupos poblacionales. Sin embargo, la desagregación por grupos étnicos raciales no implica que el índice tenga un enfoque diferencial étnico, por ende, no necesariamente capta la diferencia entre diversos grupos indígenas. No puede esperarse, entonces, que una política en bloque para los indígenas pobres resulte efectiva para su bienestar.

La población indígena es heterogénea, así como los pueblos de los que provienen. La heterogeneidad es un aspecto preponderante en el enfoque de capacidades; sin lugar a duda es un avance teórico, pero un reto en lo metodológico, pues el individualismo metodológico aplicado en los instrumentos no es suficiente para capturarla. Es importante enfatizar que las respuestas de política públicas a necesidades individuales y colectivas deben estar respaldadas por las formas vinculantes con la participación de la población objeto de la política, pues esta da un soporte desde lo social para que la política sea efectiva y oportuna ante la heterogeneidad de personas y pueblos minoritarios.

En el siguiente apartado se plantea un ejercicio metodológico para el análisis de la pobreza y la desigualdad, construido sobre la discusión y propuesta de la lista de capacidades de Martha Nussbaum (2000), con una amplitud dimensional que caracteriza la pobreza en Medellín, pero que limita la comparabilidad. Este ejercicio retoma la metodología de Alkire y Foster (2007; 2009) y la aplicación de Gallego-Duque (2015) con datos de la Encuesta de Calidad de Vida 2019 para Medellín. Con este ejercicio se pretende abrir la discusión sobre las limitaciones tanto teóricas como metodológicas para validar un IPM diferencial, que sea un instrumento adecuado para el seguimiento del bienestar y la política pública indígena urbana.

Los datos y la medición de la pobreza en Medellín ¿Es el IPM una metodología adecuada para la aproximación al bienestar indígena de la ciudad?

A continuación se realiza una medición de la pobreza multidimensional que usa datos públicos, generalmente usados en las políticas públicas de Medellín, como son la Encuesta de Calidad de Vida de 2019 (Alcaldía de Medellín, 2019), y pone en discusión la relevancia de los datos para aproximarnos al bienestar indígena de la ciudad. Con el ejercicio se pretende establecer una crítica metodológica y reflexiva para la adecuación de los índices al bienestar indígena urbano.

El apartado plantea un diseño metodológico que integra las dimensiones de Nussbaum al bienestar de los indígenas urbanos de Medellín y usa el método de línea de corte dual para ofrecer un análisis de la pobreza multidimensional y las desigualdades persistentes de los indígenas que habitan la ciudad.

Destaca el desarrollo de Nussbaum por sus fuertes argumentos a favor de un enfoque universal e incluyente, que pone en el centro el ser humano como fin. Su propuesta da una fuerza a un enfoque político con dos principios que ponen el foco en lo individual y los derechos universales, sin dejar de lado aspectos comunitarios que permiten edificar la vida de las personas, como también la de otras especies, desde los derechos y la justicia (Nussbaum, 2000), y lo contextual, que, como lo recalca Sen (1999), pueden ser condicionantes para el desarrollo. En el enfoque defendido por Nussbaum, donde son fundamentales los conceptos sobre la dignidad humana, el nivel umbral y el liberalismo político, caben los estudios de bienestar sobre la población indígena en las ciudades, en nuestro caso, el de los indígenas de Medellín. Esto último incluso da un realce al IPM colocándolo como un instrumento afianzado con un enfoque con fines políticos sustentados en la propuesta de justicia de Nussbaum.

El Índice de Pobreza Multidimensional con las dimensiones de Nussbaum es un ejercicio de actualización metodológica del índice presentado en la tesis doctoral *Bienestar y género bajo el enfoque de capacidades. Aplicaciones al caso de Medellín* (Gallego-Duque, 2015). Para esto se recurre a la inclusión de la mayoría de las dimensiones propuestas por Nussbaum (2000), a excepción de la que se denomina "cuidar de otras especies", porque sigue existiendo una restricción en la información recogida en las Encuestas de Calidad de Vida (ECV) de Medellín para medir esta dimensión. La explicación metodológica del Índice de Pobreza Multidimensional con las dimensiones de Nussbaum para Medellín $IPMN_{Med}$ puede observarse en la Tabla 1.

Tabla 1. Dimensiones de la lista de Nussbaum, indicadores, privaciones y contribución del indicador al $IPMN_{Med}$

Dimensión y su peso	Indicador y su peso		w j	Umbral z j
1.Vida (1/9)	D11 Mortalidad infantil	1/3	1/27	Si de los hijos nacidos vivos en el hogar, ha muerto alguno de los niños o alguno de los jóvenes menores de 18 años en el último año.*
	D12 Mortalidad prenatal	1/3	1/27	Si nacieron hijos muertos en el hogar en el último año.
	D13 Víctima de homicidio	1/3	1/27	Si algún miembro del hogar ha sido víctima de homicidio en el último año.
2. Salud corporal (1/9)	D21 Limitaciones	1/12	1/108	Si tiene limitaciones permanentes para moverse o caminar; usar sus brazos o manos; ver a pesar de usar lentes o gafas; oír aun con aparatos especiales; hablar; entender o aprender; relacionarse con los demás por problemas mentales o emocionales o si tiene síndrome de Down.
	D22 Número de comidas para los niños	1/12	1/108	Si en los últimos 30 días el número de comidas al día para los niños y jóvenes del hogar (entre 0 y 17 años) es menor a 3.**
	D23Número de comidas para los adultos	1/12	1/108	Si en los últimos 30 días, el número de comidas al día para los adultos del hogar (a partir de 18 años) es menor a 3.
	D24 Calidad de alimentos	1/12	1/108	Si en los últimos 30 días, alguna vez en el hogar se quedaron sin dinero para obtener una alimentación nutritiva.
	D25 Electricidad	1/12	1/108	Si el hogar no cuenta con servicio de electricidad.*
	D26 Agua potable	1/12	1/108	Si el hogar no cuenta con servicio de acueducto.*
	D27 Saneamiento	1/12	1/108	Si el hogar no cuenta con servicio de alcantarillado.

(continúa)

Tabla 1. Continúa

Dimensión y su peso	Indicador y su peso		w j	Umbral z j
2. Salud corporal (1/9)	D28 Basuras	1/12	1/108	Si las basuras las recoge un servicio informal (zorra, carreta, etc.); la tiran al patio, lote, zanja o baldío; la tiran al río, caño, quebrada o laguna; la entierran; la queman; la reutilizan; la comercializan.
	D29 Paredes de la vivienda	1/12	1/108	Si las paredes son de tierra, arena, o estiércol; madera burda, tabla, tablón u otro vegetal.**
	D210 Combustible con que cocina	1/12	1/108	Si cocinan con madera, carbón de leña o mineral, estiércol, material de desecho, petróleo, gasolina, alcohol, kerosene o cocinol.*
	D211 Hacinamiento	1/12	1/108	Hacinamiento medio (de 2,5 a 4,9) o crítico (5 y más).
	D212 Tipo de vivienda	1/12	1/108	Si vive en un rancho o vivienda de desechos o en una carpa, tienda vagón, cueva, embarcación, puente, refugio natural, etcétera.
3. Integridad corporal (1/9)	D31 Moverse libremente en su barrio o vereda	1/3	1/27	Muy poca libertad y poca libertad (1 o 2 o 3 muy poca, poca y regular).
	D32 Problemas de seguridad en su barrio, corregimiento o vereda	1/3	1/27	Si se presenta alguno de los siguientes problemas de seguridad: existencia y accionar de bandas, atracos callejeros, se roban carros o partes de estos, se asaltan casas y apartamentos, se atracan las tiendas de barrio, casos de homicidios, hay expendios de drogas, violaciones, vandalismo contra edificaciones, cobro de extorsión, desapariciones urbanas.
	D33 Víctima de algún hecho contra su vida, patrimonio, seguridad personal, etc.	1/3	1/27	Si algún miembro de su hogar ha sido víctima de hurto a partes de vehículo o vehículo, residencia, comercio, empresa; atraco, amenazas; cobro de cuotas y/o chantajes; accidentes de tránsito; secuestro, raptos de familiares, amigos, otros; paseo millonario; robo a cajero electrónico y/o estafas o fraudes.

Dimensión y su peso	Indicador y su peso		w j	Umbral z j
4. Sentidos imaginación y pensamiento (1/9)	D41 Años de escolarización de los adultos (de 18 o más años)	1/7	1/63	Si los miembros adultos del hogar no han completado 5 años de escolarización.*
	D42 Atención preescolar (niños entre 0 y 5 años)	1/7	1/63	Si algún niño en edad preescolar está por fuera del sistema preescolar.**
	D43 Matrícula infantil y juvenil (entre 6 y 17 años)	1/7	1/63	Si algún niño o joven en edad escolar está por fuera del sistema escolar.**
	D44 Rezago escolar (entre 6 y 17 años)	1/7	1/63	Si algún niño o joven del hogar tiene un rezago escolar de más de tres años.
	D45 Deserción escolar (entre 6 y 17 años)	1/7	1/63	Considera que no está en edad escolar; considera que ya terminó sus estudios; costos educativos elevados o falta de dinero; debe encargarse de los oficios del hogar y realizar cuidados, etcétera. Otros motivos que están incluidos son la falta de tiempo; por embarazo; por inseguridad en el establecimiento educativo, en el entorno; falta de cupos, no pasó examen de admisión; no existe centro educativo cercano, está muy lejano; necesita trabajar; no le gusta o no le interesa el estudio, aburrimiento; por enfermedad o incapacidad médica; necesita educación especial; recibe malos tratos en el colegio; porque se casó o formó pareja; tuvieron que abandonar el lugar de residencia habitual; bajo rendimiento académico o indisciplina; no pudo conseguir los documentos que exigían; razones familiares; prestar servicio militar, ejército, policía.

(*continúa*)

Tabla 1. Continúa

Dimensión y su peso	Indicador y su peso		w j	Umbral z j
	D46 Trabajo infantil (entre los 12 y 17 años)	1/7	1/63	Si alguno de los niños o jóvenes del hogar realiza trabajo infantil, es decir, si hay niños, niñas y jóvenes de ambos sexos menores de 18 años que su actividad principal es trabajar, buscar trabajo o realizar oficios del hogar.
	D47 la libertad de expresar los pensamientos u opiniones políticas, que se tiene en su barrio o vereda	1/7	1/63	Regular, muy poca libertad y poca libertad.
5. Emociones (1/9)	D51 hechos o problemas de convivencia en el barrio o vereda	1/2	1/18	Si se ha presentado alguno de los siguientes problemas: entre vecinos; por ruidos o basuras; por linderos; apropiación del espacio público; riñas callejeras; riñas familiares; riñas en centros educativos; riñas en sitios de trabajo; tiroteos; daños o destrucción de viviendas, comercios o cosas; expendio de droga.
	D52 usted o algún miembro de su hogar ha sido víctima de violencia intrafamiliar o violaciones	1/2	1/18	Violencia o maltrato físico familiar o violaciones.
6. Razón práctica (1/9)	D61 Obtener un título universitario, ¿es más importante para un hombre que para una mujer?	1/2	1/18	Si considera que sí o no sabe o no responde.
	D62 ¿Usted cree que los hombres son mejores líderes políticos que las mujeres?	1/2	1/18	Si considera que sí o no sabe o no responde.

Dimensión y su peso	Indicador y su peso		w j	Umbral z j
7. Afiliación (1/9)	D71 Trabajo (mayores de 17 años)	1/8	1/72	Si se encuentra desempleado.
	D72 ¿Desea cambiar el trabajo que tiene actualmente?	1/8	1/72	Si responde que sí.
	D73 Si le hubiera resultado un trabajo la semana pasada, ¿cuántas horas –en la semana– estaba disponible para trabajar?	1/8	1/72	Si dispone de una o más horas para trabajar.
	D74 Acceso al servicio de salud	1/8	1/72	Si no está afiliado al sistema de salud.
	D75 Calidad de los servicios de salud	1/8	1/72	Si considera que es muy mala, mala y aceptable.
	D76 Afiliación al sistema de pensiones	1/8	1/72	Si no está afiliado al sistema de pensiones.
	D77 Afiliación a una Administradora de Riesgos Laborales (ARL)	1/8	1/72	Si no está afiliado a ARL.
	D78 ¿Usted considera que existe discriminación contra la mujer?	1/8	1/72	Si considera que existe la discriminación contra la mujer

(*continúa*)

Tabla 1. Continúa

Dimensión y su peso	Indicador y su peso		w j	Umbral z j
8. Juego (1/9)	D81 ¿Está usted inscrito en programas lúdico-recreativos y/o deportivos?	1/4	1/36	Si no está.
	D82 ¿Participa en eventos culturales, festividades, ferias, conciertos y/o programas culturales (capacitaciones, talleres, foros, seminarios)?	1/4	1/36	Si no participa.
	D83 ¿Practica actividades recreativas?	1/4	1/36	Si no practica.
	D84 ¿Practica actividades deportivas?	1/4	1/36	Si no practica.
9. Control del propio entorno (1/9)	D91 ¿Usted votó en alguna de las últimas elecciones (presidente, senado, cámara, gobernador y alcalde)?	1/6	1/54	Si no votó.
	D92 ¿Por qué causa se vino a vivir a este municipio?	1/6	1/54	Si existe movilidad por problemas de orden público como extorsión; secuestro; presiones de grupos armados; amenazas de delincuencia común.
	D93 Activos	1/6	1/54	Si no poseen más de uno de los siguientes: tv, nevera y celular.**
	D94 Trabajó familiar en negocio sin remuneración	1/6	1/54	Si trabajó en un negocio familiar sin remuneración.

Dimensión y su peso	Indicador y su peso		w j	Umbral z j
	D95 Riesgos de entorno	1/6	1/54	Si existe alguno de los siguientes riesgos de entorno: el estado de la contaminación del aire; el estado de la contaminación de los ríos y las quebradas; el nivel del ruido; las basuras y los escombros en las calles; la contaminación visual; arborización; la pavimentación y señalización de las vías; el estado de los andenes y de los separadores de calles; el cumplimiento de las normas de tránsito.
	D96 Participación política	1/6	1/54	Si no participa al menos en una de las siguientes instancias de participación: junta de acción comunal; veedurías ciudadanas; comités barriales; organizaciones indígenas; grupos religiosos; organizaciones de víctimas; asociaciones de usuarios; etc.
Total			1	

Fuente: Adaptado para la ECV 2019 a partir de Gallego-Duque, 2015. Notas: * El umbral es similar a los aplicados en PNUD OPHI para el IPM y ** indica que es aproximado.

Algunos de los indicadores siguen la construcción y la línea de corte sugerida por Oxford Poverty & Human Development Initiative (OPHI). Sin embargo, debe notarse que el objetivo no es la comparabilidad del $IPMN_{Med}$ con otros índices aplicados para otros entornos, sino aumentar la capacidad explicativa del índice conforme a la relevancia de la inclusión de las dimensiones expuestas en la teoría de justicia de Nussbaum (2000).[4] En este sentido:

> La elección de las dimensiones presenta los siguientes puntos a favor: primero, la comprensión amplia de las dimensiones de la pobreza; segundo, la sustentación sobre la base filosófica de las capacidades universales; tercero, la aproximación, y por ende el entendimiento holístico del fenómeno de acuerdo a la realidad de Medellín; cuarto, el valor instrumental de sus dimensiones, dada su importancia en esta sociedad y las posibilidades que esto brinda para la actuación con políticas públicas, que deberían ir en favor de los más pobres; y finalmente, la utilización amplia de la ECV. (Gallego-Duque, 2015)

No obstante, los indicadores seleccionados no permiten capturar un enfoque diferencial para los grupos indígenas, afrocolombianos y raizales, solo establecer la mayor intensidad y predominancia de la pobreza de estos grupos con respecto a los blancos y los mestizos, lo cual puede ser interpretado como una desigualdad étnica y de color dados los mecanismos causales explicativos de la pobreza (Tilly, 1998; Gallego-Duque, 2014).

De otra parte, la ECV para Medellín incluye información de las personas, los hogares y el entorno, lo cual permite asignar información de estos dos últimos a cada individuo, obteniendo una matriz de datos en la que se reconoce la importancia de las interacciones entre el bienestar de miembros del hogar y su entorno para medir la pobreza multidimensional, idea compatible con el concepto de las capacidades externas (Foster y Handy, 2008).

Líneas de corte para cada indicador y la identificación de los pobres multidimensionales

A continuación, se pueden observar las dimensiones, los indicadores y sus respectivos pesos, así mismo las líneas de corte para cada indicador.
La segunda línea de corte aplica la metodología de Alkire y Foster (2011), con la cual se realiza la identificación de los pobres multidimensionales tomando

[4] Para ampliar la información sobre la metodología del $IPMN_{Med}$ puede verse Gallego-Duque (2015). En el actual caso se trabajó con la Encuesta de Calidad de Vida (ECV) de 2019, con 30.919 casos y 47 indicadores (que fueron calculados haciendo uso de 71 variables). Además, la metodología sigue la propuesta de construcción de IPM según Alkire y Foster (2007), siguiendo los pasos para el cálculo de la matriz de desempeño de las dimensiones, la matriz de privaciones y el vector de recuento de las privaciones.

k=1/3, es decir que con más del 33% de las privaciones una persona es identificada como pobre (Alkire y Foster, 2011).[5]

Resultados

Los datos

La muestra para el cálculo del $IPMN_{Med}$ fue 30.919 personas encuestadas, de las cuales 169 son indígenas y el porcentaje de menores indígenas es del 20%. En la Tabla 2 presentamos los estadísticos descriptivos de los datos.[6]
Con respecto a la población indígena esta encuesta representa, con factor de elevación, a 14.099 indígenas que se proyecta habitan en Medellín, esto equivale a un 0,6% del total de la población de la ciudad, siendo una minoría al igual que los raizales-sanandresanos con un 0,1% y los afrodescendientes con 4,2%. Sobre la población indígena en la ciudad, si bien hay un grupo permanente, se ha señalado que hay variabilidad censal en los registros, en parte causada por la alta movilidad territorial (Gobernación de Antioquia, 2014), lo que dificulta su caracterización y medición. Sin embargo, la Gerencia de Etnias está haciendo un esfuerzo por su caracterización, como lo evidencia la línea base desarrollada por Etnias en el año 2018.

¿Quién es pobre en Medellín? Pobreza indígena frente a otros grupos poblacionales

Para determinar quién es pobre en Medellín y cuán pobres son los indígenas frente a otros grupos poblacionales, es necesario calcular el número de personas pobres, tanto a nivel global como por grupos. Para esto se usa el indicador de incidencia o recuento de la pobreza $H(y; z) = q / n$, el cual indica la cantidad de personas que son pobres q sobre el total de personas n (Alkire y Foster, 2007). Este indicador usa la información obtenida tras aplicar los pasos previos de líneas de corte con los cuales se obtienen el vector de privaciones (Alkire y Foster, 2007). En la ciudad la incidencia de la pobreza multidimensional fue del 34,20% para el 2019 con $k \geq 0,33$, siendo un valor alto, pero lo es más aún en la población indígena, con un 48,52%, en comparación con los negros, mulatos, afrocolombianos y afrodescendientes, quienes son el tercer grupo con mayor recuento de la pobreza con un 43,67%. Este mismo indicador para blancos y mestizos es del 33,89% y 33,10% respectivamente (ver Tabla 3).

[5] El vector de recuento de privaciones censurado que se usa para calcular la profundidad de la pobreza también usa la metodología de Alkire y Foster (2011).

[6] Los datos perdidos fueron tratados con la metodología que recomiendan Alkire y Santos (2010) para el cálculo del IPM.

Tabla 2. Los datos estadísticos descriptivos: población indígena vs. resto de la población

				Población indígena			Resto de la población		
Dimensión	**Indicador**	**Mín.**	**Máx.**	**n**	**Media**	**Desv. típ.**	**n**	**Media**	**Desv. típ.**
1. Vida	D11 Mortalidad infantil	0	1	169	0,00	0,00	30750	0,00	0,04
	D12 Mortalidad prenatal	0	1	169	0,04	0,19	30750	0,00	0,05
	D13 Algún miembro del hogar ha sido víctima de homicidio en el último año	0	1	169	0,00	0,00	30750	0,00	0,04
2. Salud corporal	D21 Limitaciones	0	1	169	0,08	0,28	30750	0,08	0,28
	D22 Número de comidas para los niños	0	1	169	0,04	0,20	30750	0,06	0,24
	D23 Número de comidas para los adultos	0	1	169	0,14	0,34	30750	0,12	0,32
	D24 Calidad de alimentos	0	1	169	0,49	0,50	30750	0,40	0,49
	D25 Electricidad	0	1	169	0,00	0,00	30750	0,00	0,02
	D26 Agua potable	0	1	169	0,00	0,00	30750	0,00	0,05
	D27 Saneamiento	0	1	169	0,00	0,00	30750	0,02	0,14
	D28 Basuras	0	1	169	0,02	0,15	30750	0,01	0,10
	D29 Paredes de la vivienda	0	1	169	0,00	0,00	30750	0,00	0,07
	D210 Combustible con que cocina	0	1	169	0,00	0,00	30750	0,00	0,02
	D211 Hacinamiento	0	1	169	0,24	0,43	30750	0,15	0,36
	D212 Tipo de Vivienda	0	1	169	0,01	0,11	30750	0,01	0,10

Tabla 2. Continúa

				Población indígena			Resto de la población		
Dimensión	**Indicador**	**Mín.**	**Máx.**	**n**	**Media**	**Desv. típ.**	**n**	**Media**	**Desv. típ.**
3. Integridad corporal	D31 Moverse libremente en su barrio o vereda	0	1	169	0,27	0,44	30750	0,22	0,41
	D32 Problemas de seguridad en su barrio, corregimiento o vereda	0	1	169	0,54	0,50	30750	0,62	0,49
	D33 Víctima de algún hecho contra su vida, patrimonio, seguridad personal, etc.	0	1	169	0,14	0,35	30750	0,10	0,30
4.Sentidos imaginación y pensamiento	D41 Años de escolarización de los adultos (de 18 o más años de edad)	0	1	169	0,46	0,50	30750	0,38	0,49
	D42 Atención preescolar (niños entre 0 y 5 años de edad)	0	1	169	0,19	0,39	30750	0,12	0,32
	D43 Matrícula infantil y juvenil (entre 6 y 17 años de edad)	0	1	169	0,18	0,39	30750	0,09	0,29
	D44 Rezago escolar (entre 6 y 17 años)	0	1	169	0,52	0,50	30750	0,48	0,50
	D45 Deserción escolar (entre 6 y 17 años)	0	1	169	0,02	0,13	30750	0,01	0,10
	D46 Trabajo infantil (entre los 12 y 17 años)	0	1	169	0,02	0,15	30750	0,01	0,12

(*continúa*)

Tabla 2. Continúa

				Población indígena			Resto de la población		
Dimensión	**Indicador**	**Mín.**	**Máx.**	**n**	**Media**	**Desv. típ.**	**n**	**Media**	**Desv. típ.**
	D47 La libertad de expresar los pensamientos u opiniones políticas, que se tiene en su barrio o vereda	0	1	169	0,41	0,49	30750	0,37	0,48
5. Emociones	D51 Hechos o problemas de convivencia en el barrio o vereda	0	1	169	0,12	0,33	30750	0,10	0,30
	D52 Usted o algún miembro de su hogar ha sido víctima de violencia intrafamiliar o violaciones	0	1	169	0,02	0,13	30750	0,00	0,04
6. Razón práctica	D61 Obtener un título universitario, ¿es más importante para un hombre que para una mujer?	0	1	169	0,20	0,40	30750	0,10	0,30
	D62 ¿Usted cree que los hombres son mejores líderes políticos que las mujeres?	0	1	169	0,19	0,39	30750	0,19	0,39

Tabla 2. Continúa

				Población indígena			Resto de la población		
Dimensión	**Indicador**	**Mín.**	**Máx.**	**n**	**Media**	**Desv. típ.**	**n**	**Media**	**Desv. típ.**
7. Afiliación	D71 Trabajo (mayores de 17 años)	0	1	169	0,17	0,38	30750	0,10	0,31
	D72 ¿Desea cambiar el trabajo que tiene actualmente?	0	1	169	0,12	0,33	30750	0,09	0,28
	D73 Si le hubiera resultado un trabajo la semana pasada, ¿cuántas horas –en la semana– estaba disponible para trabajar?	0	1	169	0,17	0,38	30750	0,10	0,31
	D74 Acceso al servicio de salud	0	1	169	0,17	0,37	30750	0,09	0,29
	D75 Calidad de los servicios de salud	0	1	169	0,51	0,50	30750	0,53	0,50
	D76 Afiliación al sistema de pensiones	0	1	169	0,69	0,46	30750	0,67	0,47
	D77 Afiliación a una Administradora de Riesgos Profesionales (ARP)	0	1	169	0,71	0,46	30750	0,72	0,45
	D78 ¿Usted considera que existe discriminación contra la mujer?	0	1	169	0,76	0,43	30750	0,83	0,38

(*continúa*)

Tabla 2. Continúa

				Población indígena			Resto de la población		
Dimensión	**Indicador**	**Mín.**	**Máx.**	**n**	**Media**	**Desv. típ.**	**n**	**Media**	**Desv. típ.**
8. Juego	D81 ¿Está usted inscrito en programas lúdico-recreativos y/o deportivos?	0	1	169	0,96	0,19	30750	0,94	0,25
	D82 ¿Participa en eventos culturales, festividades, ferias, conciertos y/o programas culturales (capacitaciones, talleres, foros, seminarios)?	0	1	169	0,92	0,28	30750	0,93	0,26
	D83 ¿Practica actividades recreativas?	0	1	169	0,93	0,25	30750	0,92	0,27
	D84 ¿Practica actividades deportivas?	0	1	169	0,88	0,32	30750	0,81	0,39
9. Control del propio entorno	D91 ¿Usted votó en alguna de las últimas elecciones (presidente, senado, cámara, gobernador y alcalde)?	0	1	169	0,50	0,50	30750	0,37	0,48
	D92 ¿Por qué causa se vino a vivir a este municipio?	0	1	169	0,43	0,50	30750	0,27	0,44
	D93 Activos	0	1	169	0,00	0,00	30750	0,01	0,11

Tabla 2. Continúa

				Población indígena			Resto de la población		
Dimensión	**Indicador**	**Mín.**	**Máx.**	**n**	**Media**	**Desv. típ.**	**n**	**Media**	**Desv. típ.**
	D94 Trabajó familiar en negocio sin remuneración	0	1	169	0,05	0,21	30750	0,00	0,07
	D95 Riesgos de entorno	0	1	169	0,95	0,23	30750	0,96	0,19
	D96 Participación política	0	1	169	0,82	0,38	30750	0,84	0,36

Fuente: Construcción propia a partir de la Encuesta de Calidad de Vida para Medellín, 2019.

La intensidad de la pobreza también deja claro que la población indígena está afectada por el promedio de privaciones multidimensionales que padecen, lo cual en conjunto con el indicador de recuento, interviene en el cálculo del $IPMN_{Med}$ (Alkire y Foster, 2011). Para la población indígena la intensidad es del 18%, lo cual, multiplicado por la incidencia que es del 48,52%, da una pobreza multidimensional del 8,73%, siendo más del doble que la de los blancos y los mestizos, que tienen un índice de 4,11% y 3,86% respectivamente. La población indígena según datos de la ECV 2019 se encuentra ubicada principalmente en las comunas de Popular, La Candelaria, Villa Hermosa, San Javier y Doce de octubre. Es decir, están ubicados en el centro o en barrios alejados, de ingresos bajos y densamente poblados (ver Tabla 4).

Descomposición por indicadores

A partir de los resultados obtenidos $IPMN_{Med}$ por grupos étnicos (Tabla 3), observamos que los indígenas con 8,73%, junto con el grupo de raizal sanandresano con 10,73%, son los que tienen el índice más alto. Su pobreza, en comparación con los mestizos y los blancos es muy superior, pues estos presentan un índice de 3,86% y 4,11% respectivamente. Pero surge la inquietud, ¿en qué dimensiones e indicadores las personas sufren más pobreza en Medellín?, ¿cuáles son los indicadores más relevantes?, ¿estos grupos presentan diferencias en las privaciones por indicador?

A las anteriores preguntas podemos responder con la descomposición del $IPMN_{Med}$, observando la contribución de cada indicador. Con este proceso

Tabla 3. Índice de Pobreza Multidimensional con dimensiones de la lista de Nussbaum ($IPMN_{Med}$) por grupo étnico en Medellín, 2019

			Pobreza Multidimensional		
Etnia o color	**Población**	**Porcentaje de contribución**	**Incidencia H**	**Intensidad A**	**ÍPMM HA**
Indígena	169	0,55	48,52	0,18	8,73
Negro(a), mulato, afrocolombiano, afrodescendiente	1397	4,51	43,67	0,16	6,87
Mestizo	20343	65,73	33,10	0,12	3,86
Blanco	8068	26,07	33,89	0,12	4,11
Raizal-sanandresano	23	0,07	56,52	0,19	10,73
No sabe	949	3,07	42,15	0,15	6,45
Total	30949	100	34,20	0,12	4,15

Fuente: Construcción propia a partir de la Encuesta de Calidad de Vida para Medellín, 2019.

se obtiene información sobre las dimensiones y los indicadores en los cuales las personas están más privadas; para nuestro caso, esto tiene dos usos prácticos: el primero, identificar cuáles son los indicadores en los cuales la población e incluso por grupos étnicos sufren más privaciones, y para identificar si existen diferencias significativas entre los más pobres y los menos pobres. Para lograrlo se siguió la metodología Alkire y Foster (2007; 2009) quienes plantean dos pasos metodológicos para la descomposición de los IPM: el primero es la descomposición del índice en las tasas de recuento censuradas, en nuestro caso para cada uno de los 47 indicadores, y segundo, calculando el Índice de Contribución (IC) de cada uno de estos componentes sobre el $IPMN_{Med}$.

A continuación, se hará un resumen de las dimensiones y las contribuciones de los indicadores siguiendo una comparación entre los indígenas y los mestizos, siendo este el grupo con menor nivel de pobreza multidimensional según los datos de 2019. En tanto, los siguientes argumentos siguen la metodología aplicada para el cálculo del $IPMN_{Med}$ por Gallego-Duque (2015).

La dimensión de la vida tiene tres indicadores con contribuciones muy bajas al $IPMN_{Med}$: mortalidad infantil, mortalidad prenatal y si algún miembro de la familia ha sido víctima de homicidio durante el último año (Gallego-Duque, 2015); a pesar de esto, es notoria la diferencia entre los indígenas y los mestizos en la mortalidad prenatal (Tabla 1 y Figura 1).

En lo que respecta a la dimensión de la salud corporal, en la cual los indicadores están subagrupados en variables asociadas a la salud, la nutrición y la vivienda (Gallego-Duque, 2015), existe un peso sobresaliente de la privación por la baja calidad de la alimentación al quedarse sin dinero para obtener una alimentación nutritiva, y además por el hacinamiento, ambos con datos mayores para los indígenas (Tabla 1 y Figura 1).

En la tercera dimensión, la integridad corporal, tenemos tres indicadores: moverse libremente en el barrio o vereda, problemas de seguridad en el barrio, corregimiento o vereda y ser víctima de algún hecho contra su vida, patrimonio, seguridad personal, etcétera (Gallego-Duque, 2015); en el IPM-N_{Med} estos tienen una contribución comparativamente alta con respecto a las otras dimensiones, además, los indígenas tienen más problemas para moverse libremente en el barrio o vereda (Tabla 1 y Figura 1).

La cuarta dimensión, de los sentidos, la imaginación y el pensamiento, tiene siete indicadores, los cuales se subagrupan en la educación, el trabajo infantil y la libertad de pensamiento (Gallego-Duque, 2015); en esta es notorio que en todos los indicadores que la conforman, excepto en la libertad de expresar pensamiento u opiniones políticas, existe más privación para los indígenas que son pobres que para los mestizos pobres (Tabla 1 y Figura 1).

Tabla 4. Comunas donde habitan los indígenas urbanos pobres según el $IPMN_{Med}$ con la lista de las dimensiones de Nussbaum, 2019

Comuna	**Frecuencia**	**%**	**% Acumulado**
Popular	16	19,5	19,5
Santa Cruz	2	2,4	22,0
Manrique	3	3,7	25,6
Aranjuez	2	2,4	28,0
Doce de octubre	5	6,1	34,1
Robledo	3	3,7	37,8
Villa Hermosa	12	14,6	52,4
Buenos Aires	4	4,9	57,3
La Candelaria	16	19,5	76,8
Laureles Estadio	1	1,2	78,0
La América	1	1,2	79,3
San Javier	8	9,8	89,0
Poblado	1	1,2	90,2
Belén	4	4,9	95,1
Altavista	4	4,9	100,0
Total	82	100,0	

Fuente: Construcción propia a partir de la Encuesta de Calidad de Vida para Medellín, 2019.

En la quinta dimensión se incluyen dos indicadores para medir las emociones, uno en el ámbito de la convivencia en el barrio y el otro en el hogar (Gallego-Duque, 2015); en este existe una gran diferencia entre la privación de los mestizos frente a los indígenas en el primer indicador, sin embargo, el segundo indicador denota que los indígenas se ven más afectados que los mestizos por violencia intrafamiliar y violaciones (Tabla 1 y Figura 1).

La sexta dimensión, la razón práctica, incluye dos indicadores asociados a la reflexión crítica, en estos se muestra una fuerte diferencia entre indígenas y mestizos en aspectos que tienen que ver con el género; los indígenas consideran que obtener un título universitario es más importante para un hombre que para una mujer, lo que se traduce en una mayor privación al no tener un sentido práctico igualitario de oportunidades entre hombres y mujeres en educación, esta privación es el doble en comparación con los mestizos. En cuanto a la concepción de si los hombres son mejores líderes políticos que las mujeres, la población mestiza tiene más privación que la población indígena al considerar que esto es cierto, implicando un limitado razonamiento crítico de igualdad de género en liderazgo político, aunque la brecha es menor que en el primer indicador (Tabla 1 y Figura 1).

La séptima dimensión tiene ocho indicadores para medir la afiliación, la cual está subagrupada en la afiliación laboral, la afiliación al sistema de salud, al de pensiones, al de riesgos profesionales y, finalmente, la protección de discriminación contra la mujer (Gallego-Duque, 2015); en esta, los indígenas doblan en privación a los mestizos por los problemas en el acceso a la salud, sin embargo, presentan más privación en la afiliación al sistema de pensiones y al de ARL (aunque la diferencia entre indígenas y mestizos no es tan amplia), y resalta para ambos grupos la discriminación contra la mujer (Tabla 1 y Figura 1).

En la octava dimensión, del juego, los indígenas están más privados en actividades lúdico-recreativas y/o deportivas, eventos culturales y festividades y práctica de actividades deportivas (Gallego-Duque, 2015). Este aspecto puede estar vinculado a que la oferta a través de política pública y los espacios para este esparcimiento están orientados a prácticas occidentalizadas, y posiblemente el indicador no captura aspectos culturales (Tabla 1 y Figura 1).

Finalmente, la dimensión del control del entorno incluye seis indicadores, los cuales están subdivididos en el control del entorno político y el material; es notorio que los indígenas presentan mayores privaciones en los indicadores del entorno político, y en el entorno material resalta la privación por trabajar en un negocio familiar sin remuneración, sin embargo, son menos privados que los mestizos en participación en instancias comunitarias o de colectivos y en los riesgos de entorno, pero para ambos grupos hay más privación en estos en comparación con los otros indicadores de esta dimensión (Tabla 1 y Figura 1).

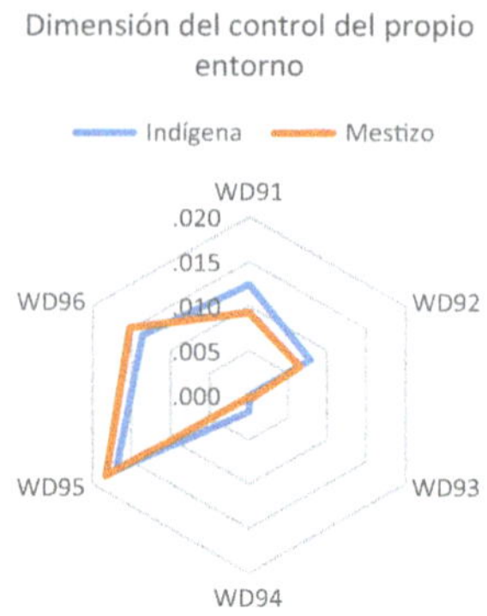

Figura 1. Contribución de los indicadores a cada una de las dimensiones en el $IPMN_{Med}$: mestizos vs. indígenas

Fuente: Construcción propia a partir de la Encuesta de Calidad de Vida para Medellín, 2019.

Conclusiones

A pesar de la amplitud del Índice de Pobreza Multidimensional para Medellín, teniendo en cuenta las dimensiones de Nussbaum, este no es suficiente para capturar la pobreza indígena, pues la construcción de los indicadores está limitada a la Encuesta de Calidad de Vida de Medellín, y su propuesta está basada en estándares de vida occidentalizados. Además, las preguntas y la metodología de recolección de datos carecen de tres aspectos: la inclusión de preguntas con enfoque diferencial y la categorización o identificación de los diferentes pueblos indígenas, y por ende, la representación muestral de cada uno de estos grupos.

La construcción del $IPMN_{Med}$ es el primer paso para fortalecer un índice de pobreza para la población urbana de la ciudad que sea incluyente de la diversidad cultural y de las diversas personas (pertenecientes a pueblos diferenciados por etnia y color) que habitan en esta urbe, pues este aplica el enfoque de Nussbaum que está a favor de ser universal e incluyente. De esta manera, con la inclusión de nueve de las diez dimensiones con base en la argumentación de Nussbaum, se pone en práctica una visión más universal del bienestar, y se hace un avance aplicado de tres discusiones normativas presentes en el enfoque de las capacidades: quedan delimitadas las dimensiones que lo componen; se incluyen aspectos que son de tipo estructural causal como, por ejemplo, el control del entorno político y material; se incluyen dimensiones perdidas de los análisis del bienestar y de sus antagónicos *la pobreza y la desigualdad*; pero, se hace notoria la necesidad de avanzar, sobre todo, en la recolección de información de bienestar con enfoque diferencial que capture la esencia y dé profundidad a los aspectos valorados por los pueblos indígenas, entre otros.

La metodología para la construcción del IPM propuesta por Alkire y Foster (2007, 2009) resulta ser un buen instrumento para los análisis de la pobreza, sin embargo, a nivel local, se debe renunciar al criterio de comparabilidad global, pues este se convierte en un limitante para la aproximación al bienestar de la población y la pobreza relativa que predomina en estos contextos. En otras palabras, es más importante ganar amplitud dimensional si con esta se da una aproximación más adecuada a tratar temas tan complejos y de minorías étnicas como la pobreza de los indígenas urbanos.

Referencias

Alcaldía de Medellín (2019). *Encuesta de Calidad de Vida*. Medellín: Alcaldía de Medellín. https://www.medellin.gov.co/es/centro-documental/encuesta-calidad-de-vida/

Alkire, S. (2007). Choosing dimensions: the capability approach and multidimensional poverty. *Oxford Poverty and Human Development Initiative, Working Paper, 88.* Oxford Department of International Development, University of Oxford.

Alkire, S. & Foster, J. (2007). Counting and Multidimensional Poverty Measurement. *Oxford Poverty and Human Development Initiative. Working Paper, 7.* Oxford Department of International Development, University of Oxford.

_____ (2009). Counting and Multidimensional Poverty Measurement. *Oxford Poverty and Human Development Initiative, Working Paper, 32.* Oxford Department of International Development, University of Oxford.

_____ (2011). Understandings and Misunderstandings of Multidimensional Poverty Measurement. *Oxford Poverty and Human Development Initiative. Working Paper,* 43. Oxford Department of International Development, University of Oxford.

Alkire, S. & Kovesdi, F. (2020). Multidimensional Poverty across ethnic groups: disaggregating the Global MPI. *Oxford Poverty and Human Development Initiative, OPHI Briefing 55.* Oxford Department of International Development, University of Oxford.

Alkire, S. & Santos, M. (2010). Acute multidimensional poverty: a new index for developing countries. *Oxford Poverty and Human Development Initiative, Working Paper, 38.* Oxford Department of International Development, University of Oxford.

Caudillo Félix, G. (2012). El buen vivir: un diálogo intercultural. *Ra Ximha, 8*(2), 345–364. https://www.redalyc.org/pdf/461/46123366015.pdf

Diprose, R. (2007). Safety and Security. A proposal for internationally comparable indicators of violence. *Oxford Poverty and Human Development Initiative, Working Paper 1.* Oxford Department of International Development, University of Oxford.

Espina Prieto, M. P. (2008). El intrincado mundo de los conceptos. Debates sobre el Estado, la pobreza y las políticas sociales. En M. P. Espina Prieto, *Políticas de atención a la pobreza y la desigualdad. Examinando el rol del Estado en la experiencia cubana* (pp. 21–93). Buenos Aires: CLACSO.

Foster, J. & Handy, C. (2008). External Capabilities. *Oxford Poverty and Human Development Initiative, Working Paper, 8*. Oxford Department of International Development, University of Oxford.

Gallego-Duque, L. (2014). *Mecanismos causales de la educación y la pobreza. Aplicación a los casos de Medellín (Colombia) y Belo Horizonte (Brasil)* [Tesis doctoral]. Barcelona: Universidad Autónoma de Barcelona (UAB). https://www.tdx.cat/handle/10803/283647#page=1

_____ (2015). *Bienestar y género bajo el enfoque de las capacidades. Aplicaciones al caso de Medellín* [Tesis doctoral]. Barcelona: Universidad Autónoma de Barcelona (UAB). https://www.tdx.cat/handle/10803/283647

Gallego-Duque, L. & Muñeton Santa, G. (2018). Pobreza multidimensional de la población indígena que habita la zona urbana de la ciudad de Medellín, Colombia. En J. Horbath, & M. García, *La cuestión indígena en las ciudades de América: procesos, políticas e identidades* (pp. 143–168). Buenos Aires: CLACSO. www.jstor.org/stable/j.ctvn5tztr.11

Gobernación de Antioquia. (2014). Pueblos Indígenas de Antioquia, Contexto sociodemográfico. *Boletín Información para la Acción. Gobernación de Antioquia*. https://www.dssa.gov.co/index.php/descargas/1264-pueblos-indigenas-de-antioquia-contexto-sociodemografico/file

Ibrahim, S. & Alkire, S. (2007). Agency and Empowerment: A proposal for internationally comparable indicators. *Oxford Development Studies, 35*(4), 379–403. https://doi.org/10.1080/13600810701701897

Kuklys, W. (2005). *Amartya Sen's Capability Approach: Theoretical Insights and Empirical Applications*. Berlin: Studies in Choice and Welfare. Springer.

Lugo, A. (2007). Employment. A proposal for internationally comparable indicators. *Oxford Poverty and Human Development Initiative, Working Paper 2*. Oxford Department of International Development, University of Oxford.

Nussbaum, M. (2000). *Women and Human Development: The Capabilities Approach*. New York: Cambridge University Press.

Samman, E. (2007). Psychological and subjective wellbeing: a proposal for internationally comparable indicators. *Oxford Poverty and Human Development Initiative, Working Paper 5*. Oxford Department of International Development, University of Oxford.

Sen, A. (1992). *Inequality Reexamined*. Oxford: Oxford University Press.

_____ (1997). Equality of What? The Tanner Lecture on Human Values. In *McMurrin S Tanner Lectures on Human Values*. Cambridge: Cambridge University Press. https://tannerlectures.org/wp-content/uploads/sites/105/2024/07/sen80.pdf

_____ (1999). *Development as Freedom*. Oxford: Oxford University Press.

_____ (2009). *La idea de la justicia*. Bogotá: Taurus.

Tilly, C. (1998). *Durable Inequality.* Los Angeles: University of California Press.

Walker, M. & Unterhalter, E. (2007). *Amartya Sen's capability approach and social justice in education.* New York: Palgrave Macmillan.

Zavaleta, D. (2007). The Ability to go about without Shame. A proposal for internationally comparable indicators of shame and humiliation. *Oxford Poverty and Human Development Initiative, Working Paper 3.* Oxford Department of International Development, University of Oxford.

Caracterización de la pobreza autopercibida en las comunidades indígenas colombianas[1]

Karen Castañeda Rico[2]
Ana María Pérez Sánchez[3]
José Leandro Ruíz Gómez[4]
Edel Laura Sánchez Higuita[5]

Resumen: Este trabajo caracteriza la pobreza autopercibida de las comunidades indígenas que habitan el territorio rural disperso de Colombia mediante un análisis de estadística descriptiva a partir de los microdatos del último Censo Nacional Agropecuario (2014). Los hallazgos anteriores se contrastan con los resultados de un ejercicio cualitativo exploratorio de recolección de información primaria en una comunidad del departamento de Vaupés, Colombia. Durante esta fase cualitativa, el énfasis estuvo tanto en contribuir a una delimitación del concepto del bienestar como en explorar la eficacia percibida de las políticas destinadas a mitigar la pobreza. Los resultados permiten afirmar que, aunque la identificación de las necesidades puede ser homogénea al interior de algunos grupos sociales, puede ser heterogénea entre otros. En este sentido, las medidas basadas en la

1 Este capítulo fue desarrollado en el marco del proyecto "Determinantes sociodemográficos de la pobreza autopercibida de las comunidades indígenas que habitan el territorio rural disperso de Colombia", financiado por el Centro de Investigaciones y Consultorías de la Facultad de Ciencias Económicas de la Universidad de Antioquia.
2 Estudiante de la Maestría en Economía en la Universidad de Antioquia, Economista de la Universidad de Antioquia e Ingeniera Administradora de la Universidad Nacional de Colombia. Correo electrónico: karen.castanedar@udea.edu.co
3 Economista de la Universidad de Antioquia. Correo electrónico: ana.perezs@udea.edu.co
4 Economista de la Universidad de Antioquia e Ingeniero de Petróleos de la Universidad Nacional de Colombia. Correo electrónico: jleandro.ruiz@udea.edu.co
5 Profesora asistente de la Universidad de Antioquia, magíster en Economía de la Universidad de Antioquia. Correo electrónico: edel.sanchez@udea.edu.co

autopercepción pueden ser más adecuadas para tratar de estimar estas heterogeneidades. Las características relacionadas con la pobreza o las necesidades percibidas por las etnias consideradas en este trabajo son heterogéneas, pero se pueden destacar dos elementos que se repiten entre ellas: estos son el acceso al agua y la capacidad de trabajar de las personas. Esta investigación subraya la necesidad de adoptar un enfoque diferencial al diseñar políticas públicas. La combinación de conocimientos cuantitativos y cualitativos ofrece una perspectiva integral, que contribuye a la comprensión de la dinámica de la pobreza y la focalización de políticas en contextos étnicos.

Palabras clave: pobreza autopercibida, pobreza multidimensional, bienestar, buen vivir, grupo étnico, comunidad indígena, comunidades rurales

Abstract: This study aims to characterize the self-perceived poverty of indigenous communities living in remote rural areas of Colombia through a descriptive statistical analysis of microdata extracted from the latest National Agricultural Census (2014). The research compares these empirical findings with the outcomes of an exploratory qualitative study conducted in a single community in the department of Vaupés, Colombia. The focus of the qualitative phase was both to contribute to a delimitation of the concept of well-being and to explore the perceived effectiveness of policies aimed at alleviating poverty in areas inhabited primarily by indigenous communities. The results confirm that although the identification of needs may be homogeneous within some social groups, it may be heterogeneous among others. In this sense, measures based on self-perception may be more appropriate for trying to assess these heterogeneities. The characteristics related to poverty or perceived needs by ethnic groups in this study are heterogeneous, but two elements can be highlighted that recur across them: these are access to water and the people's ability to work. This research underscores the need to adopt a differential approach to public policies design. The combination of quantitative and qualitative evidence provides a comprehensive perspective that contributes to understanding the dynamics of poverty and targeting of policies in ethnic contexts.

Keywords: self-perceived poverty, multidimensional poverty, well-being, "buen vivir", ethnic group, indigenous community, rural communities

Introducción

Para 2022, la incidencia de la pobreza monetaria de Colombia fue 36,6% mientras que la de la pobreza monetaria extrema fue 13,8% (DANE, 2023). Si se tiene en cuenta que la pobreza monetaria toma como referencia el valor en unidades de dinero que necesita una persona para adquirir una cesta de bienes y servicios mínimos para vivir, se considera que aquella persona que percibe un ingreso menor a ese valor se encuentra en situación de pobreza monetaria. Asimismo, otra persona que perciba un valor en unidades de dinero inferior al que necesita para adquirir una cesta compuesta por alimentos que le permitan un mínimo requerimiento calórico para subsistir, se considera que se encuentra en pobreza extrema.

Si bien Colombia se sitúa por encima del promedio de 32,1% de América Latina y el Caribe en cuanto a incidencia de la pobreza, ya en el contexto específico de sus regiones existe amplia heterogeneidad (CEPAL, 2022). La pobreza fue inferior al 30% en cinco departamentos (Risaralda, Valle del Cauca, Antioquia, Caldas y Cundinamarca) pero superior al 50% en ocho (Norte de Santander, Sucre, Cesar, Cauca, Córdoba, Magdalena, Chocó y La Guajira), fue de un 44,6% en los centros poblados y el rural disperso, pero de 37,8% en las cabeceras (DANE, 2023).

La medición de la pobreza varía de acuerdo con la definición que se adopte. Como se presentó en los párrafos preliminares, algunos indicadores se definen con relación a unidades monetarias, mientras que otros, y como lo establece Sen (1981), pueden considerar las privaciones o las capacidades básicas de un individuo para disfrutar de las libertades fundamentales de la vida. Es decir, un indicador puede definirse a partir de la carencia de oportunidades, determinadas por limitaciones sociales, políticas, culturales y circunstancias personales que impiden el disfrute de la vida, como lo pueden ser la capacidad de participar en la vida social de la comunidad, la capacidad de satisfacer necesidades básicas o la capacidad del movimiento. Esta definición permite entender la pobreza como una situación económica, social (Ardiles, 2008) y, fundamentalmente, cultural. La importancia de la anterior definición de pobreza es permitir focalizar las políticas de mitigación de la pobreza hacia las necesidades que tiene una población en determinado territorio teniendo en cuenta sus características geográficas y culturales (Todaro & Smith, 2015).

Las propuestas anteriores se establecen a partir de estándares objetivos, de tal forma que al aplicar los estándares a un grupo de personas, pueda establecerse cuáles individuos se clasifican como "pobres" o como "carentes de oportunidades". Sin embargo, si se adopta la visión de que la capacidad de satisfacer necesidades y de generar estas mismas necesidades tiene un carácter cultural que puede variar de acuerdo con los grupos sociales, las familias e incluso los individuos, es posible que dichas medidas objetivas no identifiquen de forma precisa la existencia de carencias para todos los individuos. La percepción sobre las necesidades o sobre su generación puede ser más homogénea al interior de algunos grupos sociales, pero más heterogénea entre otros, y ante la dificultad de construir medidas que capten las diferencias para permitir construir indicadores robustos, es que cobran importancia las medidas autorreportadas.

En este sentido, la pobreza subjetiva define la situación actual en la cual los individuos perciben su bienestar, y a partir de ella, es posible identificar aspectos culturales, educativos, laborales y geográficos que complementan y ayudan a entender los resultados de los indicadores objetivos como el Índice de Pobreza Monetaria (IPM) o el Índice de Necesidades Básicas Insatisfechas (NBI) (Castillo, Escandón y González 2012; Lucchetti, 2006; Aguado y Osorio, 2006; Pinzón, 2017). Lo anterior puede ser particularmente importante para ayudar a identificar necesidades o carencias para las comunidades étnicas y contribuir a refinar las políticas de focalización ante los retos que pueden representar la heterogeneidad y diferencias idiosincráticas de los diferentes pueblos indígenas.

Para este último caso, en Colombia estos pueblos representan el 24% de la población perteneciente a los grupos étnicos, y cuentan con la mayor diversidad de grupos según el Censo Nacional de Población y Vivienda de 2018, ya que se identificaron 115 comunidades indígenas nativas que corresponden al 4,3% de los colombianos (1 905 617). Estos grupos se identifican a sí mismos y se distinguen del resto de la sociedad por procurar conservar sus prácticas sociales, culturales y económicas, y se encuentran distribuidos en 28 de los 32 departamentos, concentrándose mayoritariamente en las zonas rurales del país (78,58%). Los departamentos que presentan mayor concentración de población indígena son La Guajira y Vaupés, mientras que el mayor número de pueblos indígenas se encuentra en Amazonas y Vaupés (Minsalud, 2017). Gracias a la modalidad de tenencia de tierra de resguardo, actualmente existen 733 resguardos indígenas legalmente constituidos, que representan el 28% de la extensión de hectáreas de tierra que compone el país (Minsalud, 2017).

Agostini, Brown & Roman (2010), Cimadamore et al. (2006), Hopenhayn (2003), Nokrek, Barmon & Rahman (2018), Quang Tran et al. (2014), y Awaworyi & Smyth (2017) han estudiado la pobreza en diferentes comunidades étnicas, y concluyen que las personas u hogares pertenecientes a estas comunidades o minorías étnicas son en promedio más pobres, y dicha pobreza es más persistente que en aquella parte de la población que no se reconoce como parte de una etnia. En Colombia, en las zonas rurales, y de acuerdo con los microdatos del Censo Nacional Agropecuario–CNA (2014), de un total de 1 543 134 hogares rurales, el 64,09% de los hogares se autopercibió como pobre en 2014, y el porcentaje alcanza un 71,96% si el jefe de hogar es indígena (141 188 hogares).

De acuerdo con todo lo anterior, el objetivo de este trabajo es caracterizar la pobreza autopercibida de las comunidades indígenas que habitan el territorio rural disperso de Colombia mediante un análisis de estadística descriptiva a partir de los microdatos del último Censo Nacional Agropecuario–CNA, y contrastar los hallazgos anteriores con los resultados de un ejercicio cualitativo exploratorio en el cual se recogió información primaria en el departamento de

Vaupés, Colombia, con un enfoque hacia la delimitación del concepto de bienestar y de los ejercicios de focalización de políticas de mitigación de la pobreza en las regiones de población mayoritariamente indígena. Se considera que el último Censo Nacional Agropecuario es adecuado como fuente de información, dada la inclusión de una pregunta sobre la autopercepción de la pobreza y por la caracterización detallada de prácticas productivas y de relación con el entorno, ausentes en otros ejercicios recientes de recolección de información como lo fue el Censo Nacional de Población y Vivienda del año 2018.

Síntesis de la literatura reciente sobre la identificación de necesidades en las comunidades étnicas y la autopercepción de pobreza

En Latinoamérica, los censos han tratado de incluir a las comunidades étnicas con el fin de identificar las características básicas y de distribución de la población. Sin embargo, estos censos enfrentan algunos retos por resolver dado que no cuentan con la participación de los indígenas para la definición de los instrumentos censales, en los que se suelen adoptar indicadores sin enfoque diferencial, y por lo tanto sus resultados no suelen ser útiles para la elaboración de políticas públicas que beneficien a estas comunidades (Renshaw & Wray, 2004); de esta manera, pueden generar un sesgo de información relevante para la toma de decisiones. Otro reto adicional tiene que ver con que las comunidades indígenas no cuentan con una definición específica y unificada acerca de la pobreza, pues esta puede variar de acuerdo con la ubicación de dichas comunidades en el territorio colombiano (Acosta, García y Dubois, 2016).

El análisis sobre las condiciones de vida y pobreza multidimensional de poblaciones indígenas y afrodescendientes en Colombia a partir del Censo Nacional de Población y Vivienda – CNPV, 2018 (DANE - UNFPA Colombia, 2022) reconoce que "un análisis robusto del bienestar de los individuos" de comunidades étnicas debería incorporar un conjunto amplio de elementos que permitan la construcción de un indicador de pobreza, pero la disponibilidad de información solo posibilitó la selección de tres dimensiones para la construcción de resultados: educación, dependencia económica y vivienda. Este análisis también reconoce la limitación para describir las condiciones de pobreza o carencias en las comunidades étnicas que habitan resguardos o territorios de propiedad comunal. Aún con las limitaciones, se identifica que los indicadores de pobreza multidimensional estimados para las comunidades étnicas que habitan áreas urbanas muestran que el 49,2% de hogares está en pobreza multidimensional.

En Colombia, las comunidades indígenas acuerdan lo que se conoce como “Planes de Vida”, documentos en los que se describen sus lenguas, sus prácticas productivas, sus creencias culturales y su propia ley de gobierno. Estos planes de vida están encaminados a mejorar su bienestar, lo que puede representarse para estos pueblos con el concepto del “buen vivir”, en contraposición de lo que se puede entender como pobreza. Este concepto trae consigo diferentes causalidades que tienen en cuenta las relaciones del ser humano con él mismo y su exterior, es decir, tanto los seres humanos como los ecosistemas son sujetos de derecho, y su relación armónica es importante para el bienestar.

Lo anterior es coherente con el concepto de bienestar de Sen (1981), que lo define como las capacidades y funcionamientos que tienen las personas en su vida. Los funcionamientos son lo que una persona puede llegar a ser o hacer durante su existencia; por otro lado, las capacidades están relacionadas con la libertad de las personas para escoger qué ser o hacer con sus diferentes funcionamientos. Al igual que las medidas que se han construido a partir de este concepto, tienen al hombre como el sujeto que busca bienestar, a diferencia del concepto de buen vivir, el cual busca un equilibrio y reconoce *dos* sujetos centrales: los seres humanos y los ecosistemas. De esta manera, la diferencia entre ambos conceptos recae entre dos paradigmas antropológicos: el antropocéntrico y el biocéntrico o ecocéntrico.

La perspectiva antropocéntrica considera a los seres humanos como una especie superior, y existen dos enfoques que buscan soportarla. En primer lugar, el enfoque de la diferencia cualitativa sugiere que dicha superioridad se da gracias a que la especie humana es poseedora de una dimensión espiritual que la hace diferente y superior a los demás seres vivos. En segundo lugar, el enfoque moderno de la superioridad de grado defiende dicha superioridad por medio de la evolución, identificando como rasgo relevante la inteligencia humana (o la racionalidad). Por el contrario, la perspectiva biocéntrica reconoce las diferencias entre las especies, pero no asigna ningún tipo de calificativo o grado entre ellas.

En contraste, existen otras aproximaciones como la perspectiva del enfoque holístico de la complejidad, que hace confluir tanto la postura biocéntrica como la antropocéntrica, y así surge el concepto del ambiocentrismo (Bonil et al., 2004). Desde esta perspectiva, tanto el concepto de bienestar como los instrumentos para su medición se encuentran circunscritos a un paradigma antrópico y la definición del desarrollo sostenible. Es así como para las comunidades indígenas la pobreza, las carencias o el bienestar se encuentran asociados a aspectos como la espiritualidad para con sus antepasados, la relación con el territorio en el que viven, la pérdida o conservación de las tradiciones culturales y sus relaciones en la comunidad (Gallego-Duque y Santa, 2018). Si bien esta perspectiva es de carácter general y se da para un gran porcentaje de poblaciones indígenas, cada comunidad cuenta con características particulares que hacen que la percepción de pobreza y bienestar sean diferentes para cada una de ellas.

Con respecto a los estudios que en Suramérica tienen como objeto caracterizar la pobreza basados en la autopercepción, debe destacarse que estos son recientes. Lucchetti (2006), Herrera, Razafindrakoto y Roubaud (2006), y Pradhan y Ravallion (2000) utilizaron encuestas de hogares de Argentina, Perú y Jamaica para identificar los factores observables, como las características socioeconómicas, laborales y geográficas que influyen en la autopercepción de pobreza. Para ello se estimaron modelos Probit, Probit ordenado y elección binaria tipo Logit. Entre los resultados se destacan que la educación, la salud, la calidad del empleo y las estructuras familiares influyen significativamente en la autopercepción de pobreza.

Por su parte, en Colombia se destacan los trabajos de Aguado, Osorio, Ahumada y Riascos (2010), Castillo, Castro y González (2011) y Pinzón (2017), que tomaron como fuente de información las Encuestas de Calidad de Vida (2003), la Encuesta de Percepción Ciudadana de Cali y la Encuesta de Calidad de Vida (2011), respectivamente.

Aguado, Osorio, Ahumada y Riascos (2010), con el objetivo de estimar una línea de pobreza subjetiva teniendo en cuenta el ingreso adecuado en función del tamaño del hogar, utilizan una elección binaria tipo Logit basándose en Ravallion, (2000) y encuentran que según la región las percepciones de pobreza varían considerablemente. Por su parte, Castillo, Castro y González (2011) estiman un modelo Logit para identificar los factores que inciden en la pobreza subjetiva de los colombianos, teniendo en cuenta características individuales, de entorno y tamaño del hogar, y como resultado encuentran que los hogares con hijos menores de edad y mayores de cinco años tienen menor probabilidad de considerarse pobres, además de que el tamaño del hogar y las condiciones del entorno influyen significativamente en la autopercepción de pobreza. Finalmente, Pinzón (2017) estima un modelo Logit para la pobreza subjetiva, al igual que Castillo, Castro y González (2011), utilizando variables que capturan las características del individuo, del entorno y la satisfacción con distintos aspectos de la vida. En las características individuales se encuentra que tanto las mujeres como los jefes de hogar tienen una mayor probabilidad de considerarse pobres en comparación con quienes no son jefes de hogar y son hombres; en las del entorno, los hogares que pertenecen a zonas rurales y han sido víctimas del desplazamiento forzado tienen una alta probabilidad de sentirse pobres.

Recolección de información y plan de análisis

La primera fase que se implementa es una fase de análisis descriptivo de datos censales de la población de personas identificadas como indígenas que habitan el rural disperso colombiano, y agrupadas en 196 205 hogares. Los datos provienen del Tercer Censo Nacional Agropecuario – CNA, que tuvo como objeto censar a los habitantes de la totalidad del área rural del país, cubriendo los 1.101 municipios y 773 resguardos indígenas. El CNA recoge información demográfica, productiva y de vivienda, entre otras, clasificada en diferentes módulos. Para este trabajo se utilizaron los módulos de "Personas" y "Hogares" y la unidad de análisis es el hogar. Entre las dimensiones del formulario aplicado, se encuentra el enfocado a la "vivienda, los hogares y las personas en el predio", que incluyó la variable "Percepción de pobreza". A partir de esta variable, se agrupan los hogares y se establecen algunas comparaciones con un conjunto seleccionado de variables de otras dimensiones incorporadas en el censo.

La segunda fase que se implementa es una de recolección de información primaria por medio de encuestas, y el análisis de las respuestas en categorías de estudio. El diseño y la administración de las encuestas se realizaron bajo los siguientes criterios:

- *Perfil*: personas que ejercen liderazgo en el territorio autoidentificados o no como indígenas.
- *Objetivos*: indagar sobre la construcción del concepto de pobreza y bienestar de los habitantes de los territorios étnicos; describir la percepción sobre la pertinencia de las políticas públicas de mitigación de pobreza o para elevar la calidad de vida llevadas a cabo en el territorio.
- *Zona de recolección de información primaria*: Mitú, capital del departamento del Vaupés, ubicado en la parte suroriental de Colombia y sobre la frontera con Brasil, es además una de las zonas no interconectadas del país. Se caracteriza por ser el municipio con mayor diversidad cultural del país, ya que cuenta con 27 comunidades indígenas, se hablan 23 lenguas diferentes, habitan tres resguardos indígenas y el 94% de la población se autorreconoce como indígena (ver Tabla 1).
- *Instrumento de recolección:* Entrevistas. Se llevaron a cabo entre el 22 y el 24 de mayo de 2021 de forma presencial, se entrevistaron 14 personas, se realizaron 4 grupos focales y 5 entrevistas individuales (ver Tabla 2).

Tabla 1. Caracterización de la población de Vaupés

Característica	Valor
Población que se autorreconoce como indígena	94%
Número de pueblos indígenas	27
Número de resguardos	3
Proporción del territorio de gestión colectiva	83%
Cobertura de energía eléctrica	19%
Autopercepción de pobreza	49%

Fuente: Elaboración de los autores con datos del CNA (2014).

Tabla 2. Caracterización de los participantes de la entrevista

Personas entrevistadas	14
Metodología	4 grupos focales y 5 entrevistas individuales
Fecha de recolección	22–24 de mayo 2021
Lugar de recolección	Mitú, departamento de Vaupés
Unidad de registro	Grabación de voz
Duración total	7 horas, 1 minuto y 9 segundos
Distribución por género	9 mujeres y 5 hombres
Edad promedio	43 años y medio
Se autorreconocen como indígenas	10 personas
Distribución por pertenencia a pueblos indígenas de los entrevistados	8 cubeos, 1 nasa, 1 carurú
Entrevistados que hablan la lengua	7
Funcionarios públicos entrevistados	5

Fuente: Elaboración de los autores.

Resultados

Análisis descriptivo de las características sociales y económicas de la población indígena que habita el rural disperso colombiano

El análisis demográfico permite llevar a cabo una caracterización de la población que habita el área rural dispersa del territorio colombiano. Las personas que se autorreconocen como pertenecientes a una comunidad indígena son el 16,37% de las personas encuestadas en el censo, y en términos de los hogares son el 12,71%. La distribución de las personas por sexo permite observar cómo la mayor parte de la población son hombres tanto para los indígenas como para los no indígenas, en la mayoría de los grupos de edades. A su vez, tal como se evidencia en las figuras 1 y 2, las pirámides poblacionales dan un indicio de la juventud de la población en el rural disperso, ya que el grueso poblacional se encuentra ubicado en las menores edades, de una manera muy marcada en las personas pertenecientes a una comunidad indígena y en una menor medida para aquellas que no pertenecen a una etnia indígena.

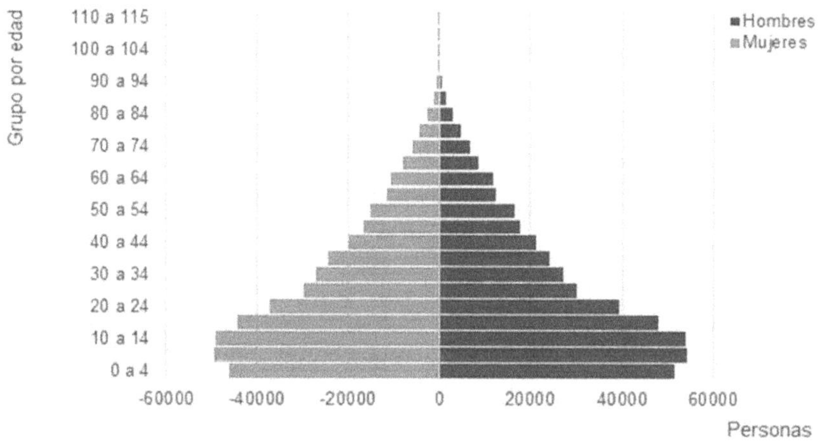

Figura 1. Distribución por género y grupo de edad de los habitantes del rural disperso colombiano en 2014 pertenecientes a comunidades indígenas

Fuente: Elaboración de los autores.

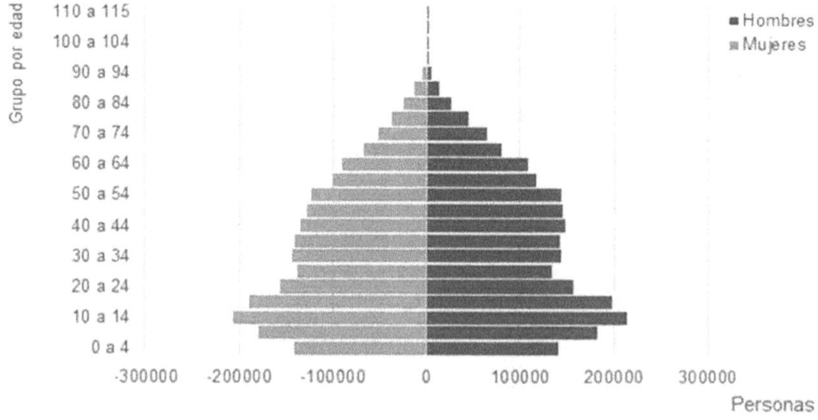

Figura 2. Distribución por género y grupo de edad de los habitantes del rural disperso colombiano en 2014 no pertenecientes a comunidades indígenas

Fuente: Elaboración de los autores.

Con relación a la autopercepción de la pobreza, los datos muestran que los hogares rurales no indígenas se perciben como pobres en un 62,95% mientras que los hogares indígenas se perciben como pobres en una proporción mayor de un 71,96%. Esta diferencia de nueve puntos porcentuales es estadísticamente significativa.

Al considerar las principales variables que se relacionan con la percepción de pobreza, de acuerdo con la literatura (el género, la alfabetización, el acceso a los servicios públicos, algunas prácticas productivas y de conservación, así como las características de los territorios), los hogares indígenas encuestados se diferencian de los hogares no indígenas encuestados en la proporción de personas alfabetizadas (ver Tabla 3), el acceso a los servicios públicos y el área promedio del predio, en mayor medida. En menor medida, existen diferencias en la cobertura al Sistema General de Seguridad Social en Salud - SGSS y en la incidencia del desplazamiento forzado. Con respecto al reparto de la jefatura de hogar por géneros, ambos grupos presentan un comportamiento similar. En este sentido, los hogares indígenas en los cuales la cabeza del hogar es una mujer se autorreconocen como pobres en un mayor porcentaje, mientras que en los hogares no indígenas los que representan una mayor proporción son aquellos en los que la cabeza del hogar es hombre (ver Tabla 4). En segundo lugar, se observa que si el hogar no tiene educación, no recibe asistencia agropecuaria, vive en una propiedad colectiva y no cuenta con acceso a fuentes de agua, esto influye en mayor proporción en la autopercepción de pobreza de las comunidades indígenas que en las comunidades no indígenas, en coherencia con lo identificado en la revisión de literatura.

Tabla 3. Algunas características socioeconómicas de los hogares indígenas y los hogares no indígenas que habitan el rural disperso

Característica del hogar	Hogar indígena	Hogar no indígena
Cabeza de hogar hombres	71,71%	72,74%
Cabeza de hogar mujeres	28,29%	27,26%
La cabeza de hogar sabe leer y escribir (español)	71,56%	85,05%
Incidencia del desplazamiento, el despojo o el abandono forzado	11,34%	15,03%
No afiliación al SGSSS	4,83%	3,93%
Acceso a energía eléctrica	56,06%	87,02%
Acceso a acueducto	24,19%	45,45%
Área del predio promedio en metros	115.457	171.351
Incidencia de la pobreza subjetiva	71,96%	62,95%

Fuente: Elaboración de los autores con datos del CNA (2014).

Tabla 4. Algunas diferencias entre las características socioeconómicas de los hogares indígenas y no indígenas encuestados con respecto a la autopercepción de pobreza

Característica del hogar	Hogar indígena		Hogar no indígena	
Autopercepción de pobreza	Sí	No	Sí	No
La cabeza del hogar es hombre	71,50%	25,60%	63,5%	30,5%
La cabeza del hogar es mujer	73,20%	24,60%	61,4%	33,0%
La cabeza del hogar no tiene educación	29,80%	24,90%	19,90%	13,70%
El hogar no cuenta con afiliación al SGSSS	93%	91,30%	94,20%	95,60%
El hogar no recibió asistencia técnica agropecuaria	75,70%	70,70%	64,60%	58,30%
El predio en el que vive el hogar es de propiedad individual	42,80%	38,50%	62,20%	56,90%
El predio en el que vive el hogar es de propiedad colectiva	24,70%	30,20%	3,60%	2,30%
El hogar cuenta con acceso a energía eléctrica	56,90%	52,90%	85,60%	90%
El hogar no cuenta acceso a fuentes de agua	6,40%	2,10%	3,80%	1,60%
El hogar no siembra para venta o trueque	48,90%	41,40%	50%	57,60%
El hogar sí siembra para venta o trueque	51,10%	58,60%	50%	42,40%
El hogar no cría animales para venta o autoconsumo	26%	27%	40,5%	44,9%
El hogar sí cría animales para venta o autoconsumo	74%	73%	59,50%	55,10%
El hogar no desarrolla actividades de pesca	83,60%	78,10%	94,4%	96,50%
El hogar sí desarrolla actividades de pesca	17,40%	21,90%	5,60%	3,50%

Fuente: Elaboración de los autores con datos del CNA (2014).

Adicionalmente, en los factores productivos se destaca que el porcentaje de hogares indígenas que siembran cultivos para venta o trueque (58,6%) o crían animales para venta o autoconsumo (73%) y no se autoperciben como pobres es mayor que aquellos hogares que no lo hacen, es decir, los cultivos y animales son recursos que pueden ayudar a sostener sus hogares y mejorar su bienestar. Mientras que en los hogares no indígenas la venta de cultivos (50%) y animales (59,5%) sí incide en la autopercepción de pobreza. Por su parte, el no desarrollo de actividades de pesca incide en una mayor proporción en sentirse pobre en las comunidades no indígenas (94,4%), sin embargo, desarrollar actividades de pesca mejora la no autopercepción de pobreza de las comunidades indígenas (21,9%).

Entre los pueblos, el porcentaje de jefes de hogar que se autoperciben como pobres varía considerablemente. Teniendo en cuenta a las etnias representadas por más de 30 personas en el censo, el porcentaje de autopercepción de pobreza varía entre un 23,73% correspondiente a la etnia makuna (ver Tabla 6) y un 90,14% correspondiente al pueblo awá (ver Tabla 5). Asimismo, los hogares de 36 pueblos se autoperciben como pobres en una proporción superior al 70%, mientras que para algunos hogares no fue posible determinar si se autopercibieron como pobres (ver columna ND de las Tablas 5 y 6). Estos 36 pueblos agrupan a 147 815 familias. El porcentaje de hogares no determinados o sin información, también varía entre pueblos y puede estar relacionado con las dificultades para traducir a las lenguas de los pueblos los formularios censales, o incluso, la falta de equivalencia, no noción o inexistencia del concepto "pobreza" para algunos pueblos indígenas colombianos. En contraste a lo anterior, solo 8 pueblos presentan una pobreza autopercibida inferior al 35%, como se puede ver en la Tabla 6. Estos pueblos concentran 6.112 hogares de los departamentos de Arauca, Amazonas, Guajira, Cesar, Putumayo, Caquetá, Cundinamarca y Atlántico.

Teniendo en cuenta el carácter cultural de la percepción de la necesidad, es posible encontrar diferencias entre algunas prácticas culturales, sociales y económicas de los pueblos indígenas con mayor autopercepción de pobreza. Esto sugiere que la heterogeneidad de estas prácticas, y que se relaciona con la percepción de pobreza, se da incluso entre comunidades étnicas con alta incidencia de percepción de esta. De acuerdo con la Tabla 5, los pueblos awa, inga, jiw, nukak, pijao, saliva y yukpa, son las etnias con mayor autopercepción de pobreza, variando entre un 83% y un 90%. Sin embargo, como es posible inferir de la Tabla 7 y de la figura 3, estos pueblos llevan a cabo prácticas diferenciadas en un conjunto amplio de aspectos con respecto al tipo de propiedad de los predios en que viven las familias, la capacidad de los jefes de los hogares para leer y escribir en español, los materiales de construcción de las viviendas, la implementación de acciones para la conservación de fuentes hídricas y la puesta en práctica de estrategias productivas de aprovechamiento de recursos naturales o de trabajo asociativo, entre otros.

Tabla 5. Pueblos indígenas con autopercepción de la pobreza superior al 70% y porcentajes de hogares sin información disponible

Orden	Pueblo indígena	Proporción	ND
1	Awá (Awa Kuaiker - Kuaiker)	90,14%	1,08%
2	Yukpa (Yuko-Yuco)	86,75%	6,63%
3	Inga (Imga – Inganos)	86,62%	2,79%
4	Jiw (Guayabero-Cunimia-Mitua)	84,74%	3,68%
5	Pijao (Coyaima-Natagaima-Coyaima-Natagaima)	83,25%	1,57%
6	Nukak (Macu-Makusa-Maco)	83,16%	2,11%
7	Saliva (Saliba)	83,05%	0,37%
8	Kamsa (Kamentsa-Cache-Sibundoy Cache-Sibundoy)	82,66%	1,73%
9	Kichwa	82,49%	0,28%
10	Pastos (Pasto)	82,21%	2,82%
11	Chimila (Chimisa-EtteE'Neka-Shimisa-Simsa)	81,48%	0,00%
12	Quillasinga	79,51%	4,20%
13	Yari	78,79%	3,03%
14	Puinave (Guaipunare-Puinabe-Uapi-Wantyinht)	78,76%	5,01%
15	Zenú (Senú)	78,29%	3,60%
16	Cuiva (Maiben-Uamone-Wamone)	78,18%	0,00%
17	Wounan (Noanama-Waunan-Waunmeu)	77,39%	5,04%
18	Baniva	76,09%	4,35%
19	Indígenas Ecuador	75,76%	3,03%
20	Totoro	75,34%	2,15%
21	Masiguare	75,00%	0,00%
22	Wayuu (Guajiro-Gujiro-Uaira)	74,48%	2,31%
23	Embera Katío (Catío-Embera-Zenú)	74,36%	5,36%
24	Piaroa (Dearua-Mako-Uotie)	74,12%	7,06%
25	Yagua (Mishara-Nihamwo-Nujamuo)	74,12%	2,35%
26	Yanacona (Mitimae)	73,85%	1,61%
27	Arhuaco (Bintucua-Ica-Ijka-Vintucua)	73,74%	3,03%
28	Engatu (Yeral)	73,53%	2,94%
29	Embera Dobida	72,94%	0,80%
30	Nasa (NasaYuwe-Paez-Yuwe-Guanaco)	72,94%	2,66%
31	Coreguaje (Corebahu-Corebaju-Koreguaxe)	72,70%	1,49%
32	Tariano (Tariana)	72,50%	5,00%
33	Carijona (Carifuna-Hianacoto Umaua-Kaliohona)	71,23%	1,37%

Tabla 5. Continúa

Orden	Pueblo indígena	Proporción	ND
34	Kofan (Cofan)	70,59%	3,92%
35	Cocama (Cokama-Kokama)	70,15%	2,19%
36	Otro (no clasificado)	70,07%	4,13%

Fuente: Elaboración de los autores con datos del CNA (2014).

Tabla 6. Pueblos indígenas con autopercepción de la pobreza inferior al 35% y porcentajes de hogares sin información disponible

Orden	Pueblo indígena	Proporción	ND
85	Mokana	3,26%	94,93%
84	Makuna (Buhagana-IdeMasa-Siroa-Tsiroa)	23,73%	3,39%
83	Tanimuka (Oha-Ara-Opaima-Tanimboka-Ufaina)	27,96%	3,23%
82	Muisca (Chibcha)	29,03%	4,30%
81	Muinane	31,40%	20,93%
80	Kogui (Coghi-Kagaba-Koggian)	31,89%	6,16%
79	Nonuya (Nunuya)	34,09%	6,82%
78	Hitnu (Itnu-Jitnu-Macaguane-Sara)	34,90%	3,62%

Fuente: Elaboración de los autores con datos del CNA (2014).

Por ejemplo, en contraste con uno de los componentes del indicador de Necesidades Básicas Insatisfechas–NBI, los materiales de construcción de las viviendas presentan grandes diferencias entre este conjunto aparentemente homogéneo de etnias. Según este indicador, las viviendas inadecuadas, en un entorno por fuera de las cabeceras municipales, son aquellas con materiales de paredes "semipermanentes o perecederos (bahareque, guadua, caña o madera) y que simultáneamente tengan pisos de tierra" (DANE, 2005). En este sentido, el material de pisos y paredes de la vivienda se constituiría como un factor relacionado con la pobreza, pero el porcentaje de hogares que presentan pisos de tierra y paredes de material vegetal o de madera presenta la mayor variabilidad (con desviaciones estándares de 0,34 y 0,30 respectivamente) entre las características expuestas en la Tabla 7 para los pueblos de mayor incidencia de la pobreza. Por ejemplo, para la etnia awa, con una incidencia de la pobreza autopercibida del 90,14%, la proporción de viviendas con piso de tierra es de solo el 3,07%, y la de viviendas con paredes vegetales y de madera del 89,01%; por su parte, para los hogares de la etnia pijao, la

Tabla 7. Algunas estadísticas descriptivas de las características culturales, sociales y económicas de los pueblos indígenas de mayor incidencia en la autopercepción de la pobreza

Pueblo	D.E.	Valor Máx.	Valor mín.	Coef. Corr.
Material de pisos de la vivienda: tierra	0,34	89,5%	3,1%	-0,53
Material de pisos de paredes de la vivienda: vegetales y madera	0,30	89,1%	14,3%	0,82
Vivienda en resguardo o propiedad colectiva	0,24	96,3%	26,1%	0,23
Implementación de prácticas asociativas para la producción	0,20	59,0%	1,1%	-0,16
Ausencia de prácticas para aprovechamiento de bosques y páramos	0,19	77,3%	20,5%	0,12
Ausencia de prácticas para transformación de vegetación	0,19	89,5%	33,4%	-0,21
Lectura y escritura en español	0,16	90,5%	45,3%	-0,14
Implementación de control natural de plagas para la agricultura	0,14	49,4%	10,5%	0,47
Padecimiento de despojo de tierras	0,11	27,1%	0,9%	0,22
Implementación de acciones para la protección del agua	0,09	97,9%	73,7%	-0,50
Autopercepción de pobreza	0,03	90,1%	83,1%	1

Fuente: Elaboración de los autores con base en los datos del CNA (2014).

autopercepción de pobreza es del 83,25%, pero los pisos de tierra son comunes para el 37,80% de las viviendas y las paredes de material vegetal para el 14,3% (ver Figura 3). El coeficiente de correlación entre la proporción de hogares de las diferentes etnias con pisos de tierra y la incidencia de la pobreza es negativo (-0,52), mientras que el que relaciona el material vegetal de las paredes y la pobreza es positivo (0,81) (ver Tabla 7).

Con respecto a otras características culturales, como la implementación de prácticas asociativas para la producción, se puede evidenciar gran homogeneidad entre los pueblos, ya que 6 de los 7 pueblos con mayor incidencia de pobreza no suelen poner en práctica la asociatividad (ver Figura 3 y Tabla 7). Los hogares de la comunidad saliva reportan llevar a cabo trabajo asociativo en una proporción del 59%, y a su vez, un 96,3% de las viviendas se ubican en resguardos o predios de propiedad colectiva. Esto en contraste con las familias de la etnia jiw, que también tienen ubicadas las viviendas en una gran proporción en resguardos o en predios de propiedad colectiva, pero no producen de manera asociativa. Otro aspecto relevante tiene que ver con que la proporción

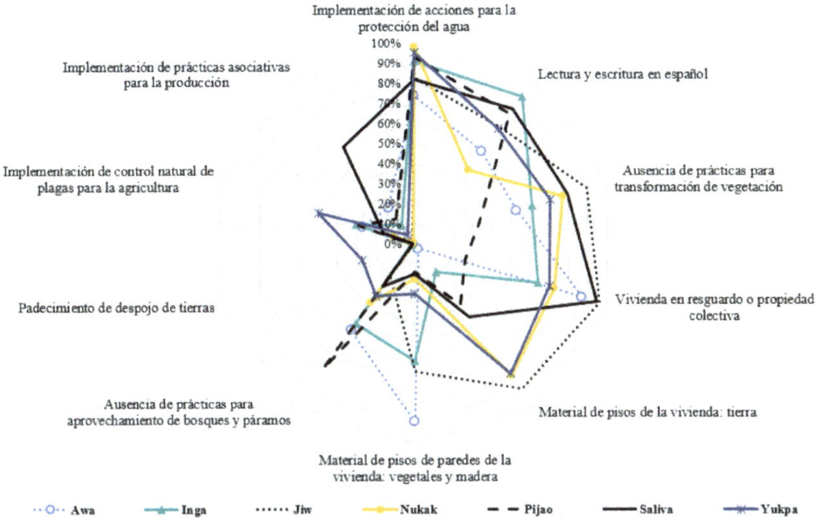

Figura 3. Algunas características culturales, sociales y económicas de los pueblos indígenas de mayor incidencia en la autopercepción de la pobreza

Fuente: Elaboración de los autores con datos del CNA (2014).

de jefes de los hogares que leen y escriben español es bastante variable entre etnias, pues la comunidad con menor proporción de jefes que lee y escribe en español es del 45% y la comunidad de mayor proporción es del 90% (con una desviación estándar de 0,16); a su vez, esta característica tiene una correlación negativa con la incidencia en la autopercepción de pobreza (-0,14).

Uno de los aspectos que se puede considerar determinante en la incidencia de la autopercepción de pobreza, y en el que se observa menor variabilidad entre esta selección de pueblos indígenas (0,09), es la implementación de acciones para la protección del agua. Esta práctica guarda una correlación negativa con la incidencia de la pobreza autopercibida (-0,50) y se implementa entre el 75% y el 97% de los hogares de los pueblos caracterizados en la Figura 3. Lo anterior es coherente con lo reportado por los indígenas, que se sintetiza en la sección siguiente, y referente a la importancia que tiene para ellos cultivar relaciones armónicas con los elementos del territorio y considerar el agua como un recurso de vital importancia para la realización de ceremonia y rituales, al igual que como sustento para la alimentación y la producción.

Necesidades, bienestar y focalización de políticas de mitigación de pobreza

Hacia una construcción del concepto de bienestar

De acuerdo con las respuestas de los líderes entrevistados, el bienestar o "buen vivir" para las comunidades indígenas está relacionado con su seguridad alimentaria. Se percibe que es primordial para las personas de Mitú contar con una tierra para producir sustento y, en un sentido amplio, unos excedentes para complementar el consumo familiar, así como acceder a educación y a salud. El buen vivir relaciona el estado de una persona (su tranquilidad o felicidad) y el entorno en el que vive; para las comunidades indígenas, el bienestar es tener tranquilidad y vivir en armonía con el entorno. Algunas percepciones sobre el bienestar difieren en el orden de prioridad que se les asigna a los aspectos que lo posibilitan. Esto quiere decir que para algunas personas es más relevante asegurar la tierra para producir alimentos para el autoconsumo, mientras que, para otras, la principal preocupación se centra en proveer educación o asegurar la supervivencia de los conocimientos propios de la etnia en los niños, niñas y jóvenes de la comunidad.

En consonancia con lo anterior, se destaca la importancia del rol de las mujeres indígenas para procurar la seguridad alimentaria: para algunas etnias que habitan el rural disperso del Vaupés, las mujeres asumen las actividades productivas agrarias del hogar. Son ellas a quienes, culturalmente, se les ha asignado la tarea de labranza, cultivo, cosecha y preparación de alimentos.

Las personas concuerdan con que su cultura ha sido modificada por la intromisión de conductas y gustos de las ciudades. Por ejemplo, el consumo de alcohol fue uno de los comportamientos adquiridos mediante la intromisión de la cultura occidental, y esto trajo consigo el que algunos miembros de las comunidades sufrieran problemas de alcoholismo, y subsecuentemente de convivencia al interior de los grupos sociales. A pesar de este fenómeno, las personas pertenecientes a comunidades indígenas reconocen la importancia de relacionarse con otros saberes y culturas, con el fin de crear simbiosis en pro del buen vivir de todas las partes. Sin embargo, fue recurrente advertir que las relaciones interculturales anteriores no deberían contribuir al desarraigo cultural de las comunidades, debido a que la conservación de las prácticas ancestrales se relaciona directamente con el bienestar de las personas.

Hacia una construcción del concepto de pobreza o escasez

Una gran proporción de los entrevistados (bilingües) concuerda con caracterizar la palabra "pobreza" como un concepto extraño, que no se encuentra definido con exactitud en ciertas lenguas propias de los pueblos indígenas, por lo que, para algunas de ellas, se dificulta una traducción más o menos equivalente a la correspondiente al castellano. En su mayoría, los entrevistados consideran que los indígenas no son pobres, pues la selva y la tierra les ofrecen todos los medios necesarios para vivir.

Pese a lo anterior, en la búsqueda de identificar un conjunto de características, situaciones o actitudes que se pudieran relacionar con el concepto occidental de la pobreza, relacionado con necesidades no satisfechas, se indagó por las características que tendría una persona considerada como que vive en escasez o que no tiene "buen vivir". Las respuestas llevan a concluir que una persona no cuenta con buen vivir si no cuenta con los medios para suplir la necesidad de alimentarse, principalmente. Para el caso de las personas de Mitú, lo anterior implica no poseer una chagra[6], no poseer los medios para poder pescar o depender de otras personas para sobrevivir en ausencia de buena salud. Adicionalmente, las personas entrevistadas consideran pobre a aquella persona que no trabaja, incluso teniendo los medios (buena salud, tierra y acceso al río).

Otro elemento en el que logran coincidir los entrevistados es en afirmar que la pobreza es algo que llega desde el exterior, desde "el mundo occidental" o traído por "los blancos" hasta sus comunidades, pues la identificación y deseo de suplir necesidades se ven permeados por los estándares de consumo que se establecen por fuera. Por ejemplo, acceder a determinada alimentación, diferente a la que se produce tradicionalmente en las chagras, acceder a una forma de vestir diferente, construir viviendas sin guardar coherencia con el entorno o acceder a educación sin enfoque étnico o por fuera de la etnoeducación. A esto se le puede sumar una de las percepciones de uno de los entrevistados: la pobreza se da a causa del asistencialismo por parte del Estado, pues hay quienes dejan de producir su propio alimento o dejan de trabajar por esperar las ayudas que vienen por parte del gobierno.

Al considerar que pueden ser mayores las necesidades percibidas debido al contacto de las comunidades étnicas con las no étnicas, se tiene, como consecuencia, que la lejanía y cercanía a los cascos urbanos también puede relacionarse con la autopercepción de la pobreza o la identificación de necesidades. Los entrevistados afirman que las comunidades aisladas y más dispersas tienden a no buscar satisfacer un conjunto amplio de necesidades, como sí lo buscan las comunidades que viven más cerca de los centros poblados o cercanas al municipio de Mitú; también, que las comunidades aisladas, por su misma condición de aislamiento, se proveen de forma autónoma de todo lo necesario para sus vidas.

[6] Porciones de tierra destinadas al cultivo de, principalmente, diferentes variedades de yuca, tubérculos, piña y ají.

Pertinencia y focalización de las políticas que buscan mitigar la pobreza

Educación y etnoeducación: Llevar acceso a la educación por medio de internados parece ser la principal estrategia. Los internados alojan a las niñas, niños y jóvenes para recibir clases, vivir y contar con alimentación, evitando grandes desplazamientos y para procurar disminuir la deserción escolar. Sin embargo, los entrevistados concuerdan con que esta estrategia no ha resultado satisfactoria, por tres razones principales. En primer lugar, aislar a los niños de sus comunidades y de su cultura se constituye en un obstáculo para la conservación de las tradiciones ancestrales y de la lengua. Adicionalmente, estos esquemas no cuentan con enfoques étnicos, de inclusión o con iniciativas de concertación de los currículos con las comunidades, de forma tal que sean pertinentes para la vida social y productiva de las comunidades. En segundo lugar, se impone el español como lengua principal, dificultando el proceso de preservación o aprendizaje de las lenguas propias. Finalmente, se percibe que la calidad de la educación que se le ofrece a las niñas, niños y jóvenes no es equiparable con la que se ofrece al interior del país. Como resultado, para las niñas, niños y jóvenes, la educación contribuye al aislamiento de estos de sus costumbres tradicionales, a la instalación de planes de vida por fuera de las comunidades, pero sin posibilitar adquirir los conocimientos suficientes para continuar con ciclos más avanzados de educación bajo esquemas occidentales.
Proyectos productivos: Es necesario resaltar que la disponibilidad de chagras se relaciona con la autopercepción de pobreza. Si un hogar cuenta con más de dos espacios diferentes de cultivo, podrá dejar descansar la tierra mientras utiliza el otro, y podrá asegurar la alimentación de la familia durante todo el año. En correspondencia con esta particularidad, los entes gubernamentales han ejecutado varios proyectos productivos con el objetivo de asegurar la alimentación de los hogares. Sin embargo, los entrevistados manifiestan que a pesar de que se trata de iniciativas bien intencionadas, han acarreado muchas dificultades. Estas residen en que los proyectos no suelen contar con un enfoque territorial, pues no suelen considerar las particularidades dietarias de las personas y de las adecuaciones necesarias para la producción en los suelos ácidos de la selva amazónica. También, otros problemas se relacionan con no diseñar estrategias de asistencia técnica para adaptar, aprender y mantener otros tipos diferentes de cultivos y de actividades agropecuarias a las que ya se encuentran acostumbrados los habitantes de estos territorios. De esta manera, proyectos para cultivar tomates, cebolla, lechuga, que pueden ser comunes en el interior del país, han fracasado.
Salud: Las personas entrevistadas sugieren que la medicina occidental es la última alternativa por la que optan los miembros de las comunidades étnicas,

puesto que si algún miembro de la comunidad se enferma, este debe visitar al chamán (también llamado paié). Pero quienes conocen los rituales y las formas de proceder de la medicina ancestral son los ancianos, y dado que la conservación de tradiciones se ha deteriorado, las nuevas generaciones se están enfrentando a la pérdida de dichos saberes y se están conformando con solo sostener un cultivo de plantas medicinales. A pesar de que el sistema de salud colombiano tiene cobertura para las comunidades indígenas a través del régimen subsidiado, quienes pertenecen a estas comunidades consideran preferible no acudir a un hospital o a un centro de valoración médica. Lo anterior ocurre porque los médicos occidentales no cuentan con enfoque étnico e ignoran aspectos culturales que incomodan a los pacientes de los pueblos indígenas, provocando una nula o escasa adherencia de los tratamientos. Un ejemplo de lo anterior es el referido a las mujeres embarazadas. Cuando estas van a dar a luz, según uno de los miembros de la comunidad indígena cubeo, las mujeres de la comunidad se preparan para hacer el debido tratamiento y ritual ancestral para que el niño nazca fuerte y sano, pero cuando dan a luz en los hospitales, no es permitido el ingreso de quienes hacen los rituales.

Asimismo, uno de los servidores públicos entrevistados afirma que debe existir campañas de promoción y prevención que permitan la integración de los indígenas con los diferentes programas que ofrece el sistema de salud, y en particular con programas enfocados en la salud mental, con el fin de disminuir las altas tasas de suicidio, depresión y alcoholismo tan recurrentes recientemente tanto en hombres como mujeres. Esta propuesta debe enmarcarse en un enfoque diferencial para comunidades indígenas.

Acceso a servicios públicos: Los entrevistados concuerdan en que la instalación de los servicios públicos genera más tropiezos que beneficios. Por ejemplo, un productor local indica que se implementaron proyectos gubernamentales para llevar la electricidad por medio de paneles solares y energía eólica a las comunidades más aisladas. Sin embargo, se dieron varios problemas: no se designó a una arquitectura organizacional precisa para suministrar el servicio, lo que ocasionó la no disponibilidad constante o previsible de la energía eléctrica. Lo anterior también es atribuido a un sistema de redes mal construido. Para el caso de un proyecto en particular con paneles solares, y dadas las características de estos, el fracaso se atribuye a la falta de educación y capacitación para su mantenimiento, por lo que su vida útil se redujo a tres meses, perdiéndose una inversión cuantiosa y generando además contaminación ambiental.

Por otro lado, también se implementaron proyectos para garantizar el agua potable, para la batería sanitaria, para mejorar la vivienda y para otorgar subsidios colectivos. Los entrevistados refieren que si bien ha habido muchos proyectos que intentan mejorar ciertas condiciones de las viviendas de las comunidades, estos no cuentan, de nuevo, con un enfoque étnico en cuanto a la correcta identificación de necesidades y de presentación de soluciones.

Conclusiones

Se pueden destacar algunos aspectos importantes que respaldan la idea de la heterogeneidad entre "comunidades occidentales" y comunidades étnicas colombianas, y de estas últimas entre sí. Primero, de acuerdo con la literatura que tiene como objeto estudiar la población en general, el acceso a servicios públicos incide en la reducción de la pobreza o implica la satisfacción de necesidades. Sin embargo, algunas personas encuestadas afirman que, según las condiciones de vida de algunos pueblos indígenas, el acceso a energía eléctrica es innecesaria. Las dinámicas del día a día de los habitantes del pueblo cubeo, por ejemplo, se determinan con la disposición de la luz natural. Los pertenecientes a esta etnia inician sus actividades en cuanto sale el sol y las finalizan en cuanto se oculta. Para estas personas, el acceso a servicios públicos como luz eléctrica o alcantarillado no es relevante o primordial, en contraposición con el acceso a fuentes de agua libres de contaminación. El agua es uno de los recursos que los pueblos indígenas consideran determinantes en la incidencia de la autopercepción de pobreza, ya sea con la finalidad de estar en armonía con el territorio o como medio para procurar alimento por medio de la pesca.

Segundo, las respuestas sugieren que para el pueblo cubeo, por ejemplo, el principal medio para cubrir sus necesidades es el trabajo. Es por medio de este que se obtiene sustento, pero para ello las personas deben tener condiciones alimentarias y de salud que permitan desarrollar habilidades para labrar las tierras. Así mismo, se identifican ciertas necesidades de tecnificación o cualificación para desarrollar actividades productivas, lo que es coherente con que algunos hogares consideren importante proveer de educación a los hijos. Pero, la educación debe cumplir dos propósitos principalmente: por un lado, debe reforzar la identidad de las comunidades indígenas apuntando a la conservación de las prácticas ancestrales, la lengua y la historia; y por otro lado, debe brindar habilidades para el intercambio cultural y para permitir acceder a ciclos superiores de formación (técnica, tecnológica y universitaria) con solvencia.

Tercero, Aguado et al. (2010), Castillo, Castro y González (2011) y Pinzón (2017) señalan que si la cabeza de hogar es mujer es mucho más probable que se autoperciba como pobre. La información del CNA refleja también esta tendencia, en tanto se muestra que un 73,20% de los hogares con jefatura femenina se autoperciben como pobres, frente a un 71,50% de los hogares con jefatura masculina que se autoperciben de la misma forma. Pero las anteriores proporciones podrían cambiar de pueblo en pueblo, dado el rol preponderante de las mujeres en la seguridad alimentaria de las familias de algunos pueblos. Por ejemplo, tanto para los cubeos como para los nasas, las mujeres son las responsables de todas las actividades relacionadas con la producción agropecuaria para el autoconsumo o comercio del hogar.

La identificación de las necesidades, o de los aspectos a estas asociadas, puede ser homogénea al interior de algunos grupos sociales, pero heterogénea entre otros. En este sentido, las medidas basadas en la autopercepción pueden ser más adecuadas para tratar de estimar estas heterogeneidades. Por ejemplo, medidas objetivas como el Índice de Necesidades Básicas Insatisfechas (NBI), que incluye indicadores relacionados con la educación, la salud, los materiales de la vivienda y el acceso a los servicios públicos, no permiten captar la situación actual de percepción de necesidad, permeada por aspectos culturales e idiosincráticos, como sí puede hacerlo una medida basada en la autopercepción. Y si bien se le pueden reconocer ventajas a las medidas de pobreza autopercibida, estas también tienen limitaciones; para el caso particular de caracterizar pobreza en comunidades indígenas en Colombia, las limitaciones residen precisamente en factores idiomáticos y culturales reflejados en la dificultad de transmitirles a algunas comunidades el concepto de pobreza. Ejemplo de esto es que, para algunos pueblos, una gran proporción de hogares no cuenta con datos disponibles de autopercepción de pobreza.

Por lo anterior, en el diseño de instrumentos censales que busquen dar cuenta del bienestar de las comunidades étnicas, es importante considerar las lenguas y otros aspectos idiosincráticos de cada una de las comunidades. Una adecuada focalización de acciones de políticas inicia con la focalización misma de los instrumentos que permiten la medición, para identificar fielmente las necesidades de cada una de las comunidades.

Es recomendable que cualquier esfuerzo de diagnóstico para la identificación de las necesidades o para la priorización de programas con comunidades étnicas, cuente con un enfoque diferenciado a nivel de pueblo, de la lejanía o cercanía a los centros urbanos, y que además, considere enfoques de investigación basados en la acción participativa. Lo anterior posibilitaría la cooperación con las comunidades y la oportunidad para que estas contribuyan a un proceso más descentralizado de toma de decisiones que procuran mejorar su bienestar.

Anexos

Anexo 1. Guía para la entrevista y grupos focales de líderes territoriales

Fecha: Hora: Lugar:
Entrevistador:

Guía para entrevista #1. Habitantes del departamento
Preguntas que guían la entrevista:

a) ¿Cuál es su nombre?
b) ¿Su edad se encuentra en cuál de los siguientes rangos?
   • De 15 a 19 años • De 20 a 24 años • De 25 a 29 años
   • De 30 a 34 años • De 35 a 39 años • De 40 a 44 años
   • De 45 a 49 años • De 50 a 54 años • De 55 a 59 años
   • Mayor de 60 años
c) ¿Usted desarrolla actividades para generar ingresos?
d) ¿Qué actividades desarrolla para generar estos ingresos?
e) ¿Usted se identifica como indígena o pertenece a una comunidad indígena?
f) ¿Cómo se puede describir a una persona o a una comunidad que goza de bienestar, o de "buena" calidad de vida o de "buen vivir"? (Por comunidad nos referimos a un conjunto de personas que comparten un espacio común en el que desarrollan sus actividades sociales y productivas). "Una persona que tiene calidad de vida o que 'vive bien' es aquella que..."
g) Queremos preguntarle sobre su opinión con respecto al siguiente hallazgo: 7 de cada 10 jefes de hogar de campesinos indígenas se considera pobre, mientras que 6 de cada 10 jefes de hogar de campesinos no indígenas se considera pobre. Teniendo en cuenta lo anterior, ¿por qué cree que más jefes de hogar indígenas se autoperciben como pobres en comparación a los jefes no indígenas? (La diferencia es pequeña, pero existe...)
h) ¿Cómo cree que se puede mejorar la calidad de vida o el bienestar de las comunidades o personas que se autorreconocen como indígenas?
i) Queremos preguntarle si está de acuerdo con la siguiente frase: "Conservar las prácticas ancestrales se relaciona con el bienestar o la calidad de vida de las personas que se identifican como indígenas" ¿Por qué? Si la respuesta es afirmativa: ¿Cómo se da esta relación?
j) ¿Cómo definiría a una persona pobre? "Una persona pobre es aquella que..."
k) ¿Qué iniciativas puede implementar el gobierno para mejorar la calidad de vida de los habitantes de este departamento? (Tratar de identificar si se alude particularmente a las personas autoidentificadas como indígenas).

Anexo 2. Guía para la entrevista y grupos focales de servidores públicos

Fecha: Hora: Lugar:
Entrevistador:

Guía para entrevista #2. Personas asociadas a los entes territoriales
Preguntas para la entrevista

a) ¿Cuál es su nombre?
b) ¿Su edad se encuentra en cuál de los siguientes rangos?
   • De 15 a 19 años • De 20 a 24 años • De 25 a 29 años
   • De 30 a 34 años • De 35 a 39 años • De 40 a 44 años
   • De 45 a 49 años • De 50 a 54 años • De 55 a 59 años
   • Mayor de 60 años
c) ¿Cuál es la ocupación o cargo?
d) ¿Qué actividades desarrolla para generar estos ingresos?
e) ¿Usted se identifica como indígena o pertenece a una comunidad indígena?
f) ¿Cómo se puede describir a una persona o a una comunidad que goza de bienestar, o de "buena" calidad de vida o de "buen vivir"? (Por comunidad nos referimos a un conjunto de personas que comparten un espacio común en el que desarrollan sus actividades sociales y productivas). "Una persona que tiene calidad de vida o que 'vive bien' es aquella que..."
g) Queremos preguntarle sobre su opinión con respecto al siguiente hallazgo: 7 de cada 10 jefes de hogar de campesinos indígenas se considera pobre, mientras que 6 de cada 10 jefes de hogar de campesinos no indígenas se considera pobre. Teniendo en cuenta lo anterior, ¿por qué cree que más jefes de hogar indígenas se autoperciben como pobres en comparación a los jefes no indígenas? (La diferencia es pequeña, pero existe...)
h) Queremos preguntarle si está de acuerdo con la siguiente frase: "Conservar las prácticas ancestrales se relaciona con el bienestar o la calidad de vida de las personas que se identifican como indígenas" ¿Por qué? Si la respuesta es afirmativa: ¿Cómo se da esta relación?
i) ¿Cómo definiría a una persona pobre? "Una persona pobre es aquella que..."
j) ¿Las iniciativas que implementa su dependencia tienen enfoque étnico?

k) ¿Cómo se identifica el "estado" o evolución de las condiciones de vida de las personas que pertenecen a las comunidades indígenas? ¿Se levanta información? ¿Con qué frecuencia?

l) ¿Qué iniciativas puede implementar el gobierno territorial para mejorar la calidad de vida de los habitantes de este departamento? (Tratar de identificar si se alude particularmente a las personas autoidentificadas como indígenas).

Referencias

Acosta Muñoz, L. E., García Rodríguez, O. I. y Dubois Migoya, A. (2016). Las capacidades colectivas, instrumento metodológico para la evaluación del bienestar humano en territorios indígenas del Amazonas colombiano. *Mundo Amazónico*, 7(1–2), 5. https://doi.org/10.15446/ma.v7.54452

Agostini, C. A., Brown, P. H. y Roman, A. (2010). Estimando indigencia y pobreza indígena regional con datos censales y encuestas de hogares. *Cuadernos de Economia - Latin American Journal of Economics*, 47(135), 125–150. https://doi.org/10.4067/S0717-68212010000100005

Aguado Quintero, L. F. y Osorio Mejía, A. M. (2006). Percepción subjetiva de los pobres. Una alternativa a la medición de la pobreza. *Reflexión Política*, 8(15), 26–40.

Aguado Quintero, L. F., Osorio Mejía, A. M., Ahumada Castro, J. R. y Riascos Correa, G. I. (2010). Medición de pobreza a partir de la percepción de los individuos: Colombia y el Valle del Cauca. *Papeles de Población*, 16(66), 259–285.

Ardiles, F. (2008). Apuntes sobre la pobreza y su cultura. *Observatorio Laboral Revista Venezolana*, 1(2), 127–137.

Awaworyi Churchill, S. & Smyth, R. (2017). Ethnic Diversity and Poverty. *World Development*, 95(08), 285–302. https://doi.org/10.1016/j.worlddev.2017.02.

Bonil, J., Sanmartí, N., Tomás, C. y Pujol, R. (2004). Un nuevo marco para orientar respuestas a las dinámicas sociales: El paradigma de la complejidad. *Investigación en la Escuela*, 3, 1–20.

Castillo, M., Castro, G. y González, O. A. (2011). Los hijos e hijas y la percepción de pobreza en hogares caleños. *Revista Latinoamericana de Ciencias Sociales, Niñez y Juventud*, 2(9), 573–588.

Castillo, M., Escandón, D. M. y González, Ó. A. (2012). Cali, ¿Cómo vamos en pobreza? Efectos de zona, comuna y hogar en la percepción de la pobreza. *Coyuntura Económica: investigación económica y social*, 52(1), 117–138.

CEPAL (2022). *Las tasas de pobreza en América Latina se mantienen en 2022 por encima de los niveles prepandemia*. https://www.cepal.org/es/comunicados/tasas-pobreza-america-latina-se-mantienen-2022-encima-niveles-prepandemia-alerta-la

Cimadamore, A. D., Eversole, R., McNeish, J. A. (coordinadores) (2006). *Pueblos indígenas y pobreza. Enfoques multidisciplinarios.* Buenos Aires: CLACSO.

DANE (2005). Boletín – Censo General de Necesidades Básicas Insatisfechas. https://www.dane.gov.co/files/investigaciones/boletines/censo/Bol_nbi_censo_2005.pdf

_____ (2014). *Censo Nacional Agropecuario.* Décimo segunda entrega resultados 2014. 1–44.

_____ (2023). Boletín Técnico Pobreza Multidimensional en Colombia. https://www.dane.gov.co/files/operaciones/PM/pres-PM-2022.pdf.

DANE – UNFPA Colombia (2022). *Condiciones de vida y pobreza multidimensional de poblaciones indígenas y afrodescendientes en Colombia a partir del CNPV 2018.* https://colombia.unfpa.org/sites/default/files/pub-pdf/condiciones_de_vida_y_pobreza_multidimensional_indigenas_y_afrodescendientes_en_colombia_mfr_2.pdf

Gallego-Duque, L. y Santa, G. (2018). Pobreza multidimensional de la población indígena que habita la zona urbana de la ciudad de Medellín, Colombia. En Horbath, J. y Gracia, M. (Eds.), *La cuestión indígena en las ciudades de las Américas: Procesos, políticas e identidades* (pp. 143–168). Buenos Aires: CLACSO. https://bibliotecadigital.udea.edu.co/bitstream/10495/35530/1/GallegoLiliana_2018_PobrezaMultidimensionalIndigena.pdf

Herrera, J., Razafindrakoto, M., & Roubaud, F. (2006). *The determinants of subjective poverty: A comparative analysis in Madagascar and Peru.* DIAL (Développement, Institutions & Analyses de Long terme). No DT/2006/01, Paris, France.

Hopenhayn, M. (2003). *La pobreza en conceptos, realidades y políticas: Una perspectiva regional con énfasis en minorías étnicas.* División de Desarrollo Social, CEPAL, 1–26. https://guiaderecursos.mides.gub.uy/innovaportal/file/21590/1/16_la_pobreza_en_conceptos_realidades_y_politicas.pdf

Lucchetti, L. (2006). *Caracterización de la Percepción del Bienestar y Cálculo de la Línea de Pobreza Subjetiva en Argentina.* Documento de Trabajo No. 40. CEDLAS. https://www.cedlas.econo.unlp.edu.ar/wp/wp-content/uploads/doc_cedlas40.pdf

Ministerio de Salud y Protección Social (2017). *Sala situacional de la Población Indígena.* 23.

Nokrek, P., Barmon, B. K. & Rahman, S. (2018). Poverty, income inequality and determinants of income of the ethnic communities of Bangladesh. *Asian Development Perspectives*, 9(2), 188–201. https://doi.org/10.22681/adp.2018.9.2.188

Pinzón Gutiérrez, L. F. (2017). Factores asociados a la pobreza subjetiva en Colombia: Un estudio desde el enfoque de las capacidades y la economía de la felicidad. *Desarrollo y Sociedad*, 1(78), 11–57. https://doi.org/10.13043/DYS.78.1

Pradhan, M., & Ravallion, M. (2000). Measuring poverty using qualitative perceptions of consumption adequacy. *Development*, 82(August), 462–471.

Quang Tran, T., Hong Nguyen, S., Van Vu, H. & Quoc Nguyen, V. (2014). A note on poverty among ethnic minorities in the Northwest region of Vietnam, *Post-Communist Economies*, 27(2), 268–281. https//doi.org/10.1080/14631377.2015.1026716

Renshaw, J. & Wray, N. (2004). Indicadores de bienestar y pobreza indígena. *Comunidadandina.org* 1–79. http://www.comunidadandina.org/StaticFiles/2011414165712indicadores_indigenas.pdf

Sen, A. (1981). Ingredients of famine analysis: availability and entitlements. *The Quarterly Journal of Economics*, 96(3), 433–464.

Todaro, M. P. & Smith, S. C. (2015). *Economic Development.* Reading, Mass.: Addison-Wesley.

www.ingramcontent.com/pod-product-compliance
Ingram Content Group UK Ltd.
Pitfield, Milton Keynes, MK11 3LW, UK
UKHW021857290926
8980IPUK00005B/880

9 783034 351546